Michael Tischer

Der DATA BECKER Führer

PC System-Programmierung

1. Auflage 1988

ISBN 3-89011-452-0

Copyright © 1988

DATA BECKER GmbH
Merowingerstr. 30
4000 Düsseldorf

Text verarbeitet mit Word 4.0, Microsoft
Ausgedruckt mit Hewlett Packard LaserJet II
Druck und Verarbeitung Mohndruck, Gütersloh

Inhaltsverzeichnis

1. Der Führer zur PC-Systemprogrammierung

Der vorliegende Führer wendet sich einem Thema zu, das mit der immer weiteren Verbreitung von Personalcomputern immer interessanter geworden ist: der Systemprogrammierung. War die PC-Programmierung in den Anfangstagen wenigen hochqualifizierten Spezialisten vorbehalten, so finden heute immer mehr Anwender Gefallen und Interesse an der Idee, selbst Programme zu entwickeln und sich dadurch in einer besonders reizvollen Art und Weise kreativ mit Ihrem PC zu beschäftigen. Sie stoßen dabei über die Grenzen der jeweiligen Programmiersprache hinaus in Gebiete vor, die bis vor kurzem, allein schon aus Mangel an der entsprechenden Literatur, den meisten Programmierern verborgen bleiben mußten. Die Rede ist von der Systemprogrammierung, d.h. vom Zugriff auf die Hardware des PC und der Nutzbarmachung der internen Funktionen des DOS und des BIOS. Hier profitiert der Programmierer von der Tatsache, daß nicht nur die Hardware des PC, sondern auch die Systemsoftware, also das BIOS und das DOS, ein offenes System sind, das für jeden Programmierer mit entsprechenden Kenntnissen zugänglich ist. Die Fülle der Funktionen und die vielfältigen Datenstrukturen sowie Codetabellen zwingen jedoch auch den versierten Systemprogrammierer zum häufigen Nachschlagen in der entsprechenden Literatur, denn kaum ein Programmierer wird sich bei weit über 200 Systemfunktionen merken können, welches Register bei der Funktion XY nun mit welchem Wert geladen werden muß.

Aus dem Ärgernis über das ewige Herumwühlen in der Fachliteratur wurde die Idee zu diesem Führer geboren, der genau hier Abhilfe schaffen soll. Ziel ist es nicht, eine Einführung in die Systemprogrammierung zu geben, sondern auf kleinem Raum die Informationen kompakt darzustellen, die bei der Systemprogrammierung immer wieder parat sein müssen. Dem Autor kam dabei seine mehrjährige Erfahrung in der PC-Systemprogrammierung zugute, die eine strikte Trennung zwischen häufig und weniger häufig benötigten Informationen zuläßt. So vergeht selten ein Arbeitstag, ohne daß die ASCII-Tabelle zur Hand genommen und die Registerbelegung für eine Systemfunktion nachgeschlagen werden muß. Die Befehls-Codes für die Programmierung des Diskettencontrollers oder die Funktionen eines Gerätetreibers werden jedoch nur sehr selten benötigt und sind deshalb in diesem Führer nicht zu finden.

2. Übersicht der BIOS-Funktionen

3. Übersicht über die DOS-Funktionen

3.1 Interrupt 21h gegliedert nach Funktionsgruppen

14

3.2 Interrupt 21h gegliedert nach Funktionsnummer

4. Allgemeine Tabellen

4.1 Der Speicheraufbau beim PC

Die Art und Weise, wie der 8088 den Speicher adressiert, spiegelt sich auch im Speicheraufbau des PC wider. Da der 8088 gleichzeitig immer nur ein 64 KByte großes Speichersegment bearbeiten kann, hat man den 1 MByte großen Speicher des PC in 16 64-KByte-Segmente aufgeteilt, die, beginnend mit dem ersten Segment an der Adresse 0000:0000, aufsteigend numeriert werden.

Block	ADRESSE	
15	F000:0000-F000:FFFF	BIOS-ROM
14	E000:0000-E000:FFFF	frei für ROM-Cartridges
13	D000:0000-D000:FFFF	
12	C000:0000-C000:FFFF	zusätzliches BIOS-ROM
11	B000:0000-B000:FFFF	Video-RAM
10	A000:0000-A000:FFFF	zusätzliches Video-RAM
9	9000:0000-9000:FFFF	RAM bis 640 KB
8	8000:0000-8000:FFFF	RAM bis 576 KB
7	7000:0000-7000:FFFF	RAM bis 512 KB
6	6000:0000-6000:FFFF	RAM bis 448 KB
5	5000:0000-5000:FFFF	RAM bis 384 KB
4	4000:0000-4000:FFFF	RAM bis 320 KB
3	3000:0000-3000:FFFF	RAM bis 256 KB
2	2000:0000-2000:FFFF	RAM bis 192 KB
1	1000:0000-1000:FFFF	RAM bis 128 KB
0	0000:0000-0000:FFFF	RAM bis 64 KB, CPU-VektorTabelle, DOS & BIOS Variable

Abbildung: Speicheraufteilung

Die ersten 10 Speichersegmente sind für den Hauptspeicher-RAM reserviert, wodurch seine Größe auf maximal 640 KByte beschränkt wird. Dem ersten RAM-Segment, dem Speichersegment 0, kommt dabei eine besondere Rolle zu, da es die Interruptvektor-Tabelle des Prozessors und wichtige Daten und Routinen des Betriebssystems aufnimmt. Auf den RAM-Speicher folgt das Speichersegment A, das mit einer EGA-Grafik-Karte installiert wird, der es als Speicher für den Bildschirmaufbau in den verschiedenen Videomodi dient.

Das Speichersegment B ist der monochromen und der Color-Videokarte vorbehalten. Sie teilen sich dieses Segment als Speicher für den Bildschirmaufbau, wobei die monochrome Karte die unteren 32 KByte und die Color-Karte die oberen 32 KByte dieses Segments in Anspruch nimmt. Jede Karte installiert dabei jedoch nur soviel Speicher, wie für den Bildschirmspeicher erforderlich ist. Bei der monochromen Karte sind es 4 KByte, und bei der Color-Karte sind es - durch die zusätzliche Möglichkeit der Grafikdarstellung - 16 KByte.

Die nachfolgenden Speichersegmente werden nicht mehr mit RAM, sondern mit ROM belegt, wobei das C-Segment den Anfang macht. In diesem Segment sind bei einigen Rechnern BIOS-Routinen untergebracht, die nicht Teil des ursprünglichen BIOS-Kerns sind. Beim XT sind dies zum Beispiel die Routinen zur Unterstützung der mit ihm eingeführten Festplatte, aber auch das VIDEO-BIOS einer EGA-Karte findet in diesem Segment Platz.

Die Segmente D und E sind sogenannten ROM-Cartridges vorbehalten. Darunter versteht man Einschübe, die den Rechner um bestimmte ROM-Routinen erweitern. Beim PC wird davon allerdings kaum Gebrauch gemacht, so daß dieser Bereich fast immer ungenutzt bleibt.

Das Segment F enthält schließlich die eigentlichen BIOS-Routinen, den Ur-Lader des Systems, sowie das bei vielen Rechnern vorhandene ROM-BASIC.

4.2 ASCII-Tabelle

Dez.	Hex	Zeichen	Dez.	Hex	Zeichen	Dez.	Hex	Zeichen	Dez.	Hex	Zeichen
0	00		32	20		64	40	@	96	60	`
1	01	☺	33	21	!	65	41	A	97	61	a
2	02	●	34	22	"	66	42	B	98	62	b
3	03	♥	35	23	#	67	43	C	99	63	c
4	04	♦	36	24	$	68	44	D	100	64	d
5	05	♣	37	25	%	69	45	E	101	65	e
6	06	♠	38	26	&	70	46	F	102	66	f
7	07	•	39	27	'	71	47	G	103	67	g
8	08	◘	40	28	(	72	48	H	104	68	h
9	09	○	41	29	)	73	49	I	105	69	i
10	0A	◉	42	2A	*	74	4A	J	106	6A	j
11	0B	♂	43	2B	+	75	4B	K	107	6B	k
12	0C	♀	44	2C	,	76	4C	L	108	6C	l
13	0D	♪	45	2D	-	77	4D	M	109	6D	m
14	0E	♫	46	2E	.	78	4E	N	110	6E	n
15	0F	☼	47	2F	/	79	4F	O	111	6F	o
16	10	►	48	30	0	80	50	P	112	70	p
17	11	◄	49	31	1	81	51	Q	113	71	q
18	12	↕	50	32	2	82	52	R	114	72	r
19	13	‼	51	33	3	83	53	S	115	73	s
20	14	¶	52	34	4	84	54	T	116	74	t
21	15	§	53	35	5	85	55	U	117	75	u
22	16	▬	54	36	6	86	56	V	118	76	v
23	17	↨	55	37	7	87	57	W	119	77	w
24	18	↑	56	38	8	88	58	X	120	78	x
25	19	↓	57	39	9	89	59	Y	121	79	y
26	1A	→	58	3A	:	90	5A	Z	122	7A	z
27	1B	←	59	3B	;	91	5B	[	123	7B	{
28	1C	∟	60	3C	<	92	5C	\	124	7C	|
29	1D	↔	61	3D	=	93	5D	]	125	7D	}
30	1E	▲	62	3E	>	94	5E	^	126	7E	~
31	1F	▼	63	3F	?	95	5F	_	127	7F	▓

Dez.	Hex	Zeichen	Dez.	Hex	Zeichen	Dez.	Hex	Zeichen	Dez.	Hex	Zeichen
128	80	Ç	160	A0	á	192	C0	└	224	E0	α
129	81	ü	161	A1	í	193	C1	┴	225	E1	β
130	82	é	162	A2	ó	194	C2	┬	226	E2	Γ
131	83	â	163	A3	ú	195	C3	├	227	E3	π
132	84	ä	164	A4	ñ	196	C4	─	228	E4	Σ
133	85	à	165	A5	Ñ	197	C5	┼	229	E5	σ
134	86	å	166	A6	ª	198	C6	╞	230	E6	μ
135	87	ç	167	A7	º	199	C7	╟	231	E7	τ
136	88	ê	168	A8	¿	200	C8	╚	232	E8	Φ
137	89	ë	169	A9	⌐	201	C9	╔	233	E9	Θ
138	8A	è	170	AA	¬	202	CA	╩	234	EA	Ω
139	8B	ï	171	AB	½	203	CB	╦	235	EB	δ
140	8C	î	172	AC	¼	204	CC	╠	236	EC	∞
141	8D	ì	173	AD	¡	205	CD	═	237	ED	φ
142	8E	Ä	174	AE	«	206	CE	╬	238	EE	ε
143	8F	Å	175	AF	»	207	CF	╧	239	EF	∩
144	90	É	176	B0	░	208	D0	╨	240	F0	≡
145	91	æ	177	B1	▒	209	D1	╤	241	F1	±
146	92	Æ	178	B2	▓	210	D2	╥	242	F2	≥
147	93	ô	179	B3	│	211	D3	╙	243	F3	≤
148	94	ö	180	B4	┤	212	D4	╘	244	F4	⌠
149	95	ò	181	B5	╡	213	D5	╒	245	F5	⌡
150	96	û	182	B6	╢	214	D6	╓	246	F6	÷
151	97	ù	183	B7	╖	215	D7	╫	247	F7	≈
152	98	ÿ	184	B8	╕	216	D8	╪	248	F8	°
153	99	Ö	185	B9	╣	217	D9	┘	249	F9	•
154	9A	Ü	186	BA	║	218	DA	┌	250	FA	·
155	9B	¢	187	BB	╗	219	DB	█	251	FB	√
156	9C	£	188	BC	╝	220	DC	▄	252	FC	η
157	9D	¥	189	BD	╜	221	DD	▌	253	FD	²
158	9E	₽	190	BE	╛	222	DE	▐	254	FE	■
159	9F	ƒ	191	BF	┐	223	DF	▀	255	FF	

4.3   Erweiterte Tastaturcodes

Einige Tasten der PC-Tastatur, wie z.b. die Funktions-
und Cursortasten, werden nicht durch Zeichen aus dem
ASCII-Zeichensatz des PC, sondern durch erweiterte
Tastaturcodes repräsentiert. Ihren Empfang erkennt man
z.b. beim Aufruf der BIOS-Funktionen zur Tastaturabfrage
daran, daß im AL-Register der Wert 0 und nicht der Code
eines ASCII-Zeichens zurückgeliefert wird. In einem
solchen Fall enthält das AH-Register den Code der erweiterten Taste, wie er aus der folgenden Tabelle hervorgeht.

15	SHIFT + TAB
16 - 25	ALT + Q, W, E, R, T, Y, U, I, O, P
30 - 38	ALT + A, S, D, F, G, H, J, K, L
44 - 50	ALT + Z, X, C, V, B, N, M
59 - 68	F1-F10
71	Home
72	Cursor Up
73	Page Up
75	Cursor Left
77	Cursor Right
79	End
80	Cursor Down
81	Page Down
82	Insert
83	Delete
84 - 93	SHIFT + F1-F10
94 - 103	CTRL + F1-F10
104 - 113	ALT + F1-F10
115	CTRL + Cursor Left
116	CTRL + Cursor Right
117	CTRL + Ende
118	CTRL + Page Down
119	CTRL + Home
120 - 131	ALT + 1, 2, 3, 4, 5, 6, 7, 8, 9, 0
132	CTRL + Page Up

4.4   Control-Codes

Vielen Programmierern unbekannt ist die Tatsache, daß die
ersten 32 Zeichen des ASCII-Zeichensatzes mit Hilfe der
Ctrl-Taste in Verbindung mit anderen Tasten eingegeben
werden können, wodurch sich sehr leicht eine Programm-
steuerung in der Art und Weise realisieren läßt, wie wir sie
von WordStar her kennen. Die folgende Abbildung zeigt

Ihnen deshalb, welche Tastenkombinationen in Verbindung mit der Ctrl-Taste welche ASCII-Codes liefern.

Code	Symbol	Tasten	Code	Symbol	Tasten
0	Leer (Nul)	Ctrl 2	16	►	Ctrl P
			17	◄	Ctrl Q
1	☺	Ctrl A	18	↕	Ctrl R
2	●	Ctrl B	19	‼	Ctrl S
3	♥	Ctrl C	20	¶	Ctrl T
4	♦	Ctrl D	21	§	Ctrl U
5	♣	Ctrl E			
6	♠	Ctrl F	22	▬	Ctrl V
7	● BEL	Ctrl G	23	↨	Ctrl W
			24	↑	Ctrl X
8	◘ BS	Ctrl H, Backspace, Shift Backspace	25	↓	Ctrl Y
			26	→ EOF	Ctrl Z
9	○ TAB	Ctrl I			
10	● LF	Ctrl J, Ctrl	27	← ESC	Ctrl [, Esc,Shift-Esc,Ctrl-Esc
11	♂	Ctrl K	28	∟	Ctrl \
12	♀ FF	Ctrl L	29	↔	Ctrl]
			30	▲	Ctrl 6
13	♪ CR	Ctrl M,↵, Shift ↵	31	▼	Ctrl -
14	♫	Ctrl N	32	Space	Space Taste, Shift-Taste, Space, Ctrl-Space, Alt-Space
15	☼	Ctrl O			

Abbildung: Zeicheneingabe mit der Control-Taste

23

5. Hardware

5.1 Interruptvektor-Tabelle

Den 256 Interrupts, die vom 8088 verwaltet werden, kommt innerhalb der Systemprogrammierung des PC eine zentrale Bedeutung als Schnittstelle zwischen einem Anwendungsprogramm und dem BIOS bzw. dem DOS zu. Nach dem Laden der jeweiligen Funktionsparameter in die Prozessorregister kann jede Systemfunktion mit Hilfe des Maschinensprache-Befehls INT unter Angabe der entsprechenden Interrupt-Nummer aufgerufen werden. Beim Aufruf eines Interrupts bezieht der Prozessor die Adresse der aufzurufenden Routine aus der sogenannten Interruptvektor-Tabelle, die für jeden der 256 Interrupts einen Eintrag enthält. Er besteht jeweils aus 2 Words, die die Segment- und Offsetadresse der aufzurufenden Routine angeben. Ihren Anfang nimmt die Tabelle an der ersten Speicherstelle im RAM, die die Adresse 0000:0000 trägt. Da das Wissen um den Aufbau und die Belegung dieser Tabelle zum unentbehrlichen Rüstzeug eines jeden Systemprogrammierers zählt, zeigt die folgende Abbildung den Aufbau der Interruptvektor-Tabelle auf.

Nr.	Adresse	Belegung
00	000 - 003	CPU: Division durch Null
01	004 - 007	CPU: Einzelschritt
02	008 - 00B	CPU: NMI (Fehler in RAM-Baustein)
03	00C - 00F	CPU: Breakpoint erreicht
04	010 - 013	CPU: numerischer Überlauf
05	014 - 017	Hardcopy
06	018 - 01B	unbekannter Befehl (nur 80286)
07	01D - 01F	reserviert
08	020 - 023	IRQ0: Timer (Aufruf 18,2 mal/sec.)
09	024 - 027	IRQ1: Tastatur
0A	028 - 02B	IRQ2: 2ter 8259 (nur AT)
0B	02C - 02F	IRQ3: serielle Schnittstelle 2
0C	030 - 033	IRQ4: serielle Schnittstelle 1
0D	034 - 037	IRQ5: Festplatte
0E	038 - 03B	IRQ6: Diskette
0F	03C - 03F	IRQ7: Drucker

Nr.	Adresse	Belegung
10	040 - 043	BIOS: Video-Funktionen
11	044 - 047	BIOS: Konfiguration ermitteln
12	048 - 04B	BIOS: RAM-Speicher Größe ermitteln
13	04C - 04F	BIOS: Disketten/Festpl. Funktionen
14	050 - 053	BIOS: Zugriff auf ser. Schnittst.
15	054 - 057	BIOS: Kassetten/erweiterte Funkt.
16	058 - 05B	BIOS: Tastaturabfrage
17	05C - 05F	BIOS: Zugriff auf parallel Drucker
18	060 - 063	Aufruf des ROM-BASIC
19	064 - 067	BIOS: System booten (ALT+CTRL+DEL)
1A	068 - 06B	BIOS: Zeit/Datum abfragen
1B	06C - 06F	Break-Taste (nicht CTRL-C) gedrückt
1C	070 - 073	wird nach jedem INT 08 aufgerufen
1D	074 - 077	Adresse der Video-Parameter-Tabelle
1E	078 - 07B	Adresse der Disketten-Parameter-Tab
1F	07C - 07F	Adresse der Zeichen-Bitmuster
20	080 - 083	DOS: Programm beenden
21	084 - 087	DOS: DOS-Funktion aufrufen
22	088 - 08B	Adresse der DOS Prg.-Ende-Routine
23	08C - 08F	Adresse der DOS CTRL-BREAK-Routine
24	090 - 093	Adresse der DOS Fehler-Routine
25	094 - 097	DOS: Diskette/Festplatte lesen
26	098 - 09B	DOS: Diskette/Festplatte schreiben
27	09C - 09F	DOS: Prg. beenden, resident bleiben
28-	0A0 -	reserviert für verschiedene, nicht
3F	- 0FF	dokumentierte DOS-Funktionen
40	100 - 103	BIOS: Disketten Funktionen
41	104 - 107	Adresse der Festplatten-Tabelle 1
42-	108 -	reserviert
45	- 117	
46	118 - 11b	Adresse der Festplatten-Tabelle 2
47-	11c -	können von Anwendungsprogrammen
49	- 127	beliebig belegt werden
4A	128 - 12B	Alarm-Zeit erreicht (nur AT)
4B-	12C -	können von Anwendungsprogrammen
67	- 19F	beliebig belegt werden
68-	1A0 -	werden nicht genutzt
6F	- 1BF	
70	1C0 - 1C3	IRQ08: Echtzeituhr (nur AT)
71	1C4 - 1C7	IRQ09: (nur AT)
72	1C8 - 1CB	IRQ10: (nur AT)
73	1CC - 1CF	IRQ11: (nur AT)
74	1D0 - 1D3	IRQ12: (nur AT)
75	1D4 - 1D7	IRQ13: 80287 NMI (nur AT)
76	1D8 - 1DB	IRQ14: Festplatte (nur AT)
77	1DC - 1DF	IRQ15: (nur AT)
78-	1E0 -	werden nicht genutzt
7F	- 1FF	
80-	200 -	werden innerhalb des BASIC-Inter-
F0	- 3C3	preters genutzt
F1-	3C4 -	
FF	- 3CF	werden nicht genutzt

Gesamtübersicht Interrupts

5.2 Ports

Die Ports stellen die Schnittstelle zwischen dem Prozessor und den anderen Prozessoren des Systems wie z.B. dem Interrupt-Controller dar. Weiterhin dienen sie dem Zugriff auf alle Peripheriegeräte, wie z.B. dem Video- und dem Diskettencontroller, aber auch der seriellen Schnittstelle und dem Drucker. Angesprochen werden die Ports mit Hilfe der Maschinensprache-Befehle OUT (Daten an Port senden) und IN (Daten von Port empfangen). Da der 8088 insgesamt 65536 Ports ansprechen kann, muß den beiden Befehlen jeweils die Adresse des anzusprechenden Ports folgen, die sich im Bereich zwischen 0 und 65535 bewegen muß. Wie die folgende Abbildung zeigt, werden beim PC davon aber nur die ersten 1024 Ports den verschiedenen Systemkomponenten und Peripheriegeräten zugeordnet. Beachten Sie bei der Programmierung bitte auch, daß die Belegung der verschiedenen Ports zwischen dem PC und dem XT einerseits und dem AT andererseits differiert.

Baustein	PC/XT	AT
DMA-Controller (8237A-5)	000-00F	000-01F
Interrupt-Controller (8259A)	020-021	020-03F
Zeitgeber	040-043	040-05F
programmierbare periphere Verbindung (PPI 8255A-5)	060-063	entfällt
Tastatur (8042)	entfällt	060-06F
Echtzeituhr (MC146818)	entfällt	070-07F
DMA-Seitenregister	080-083	080-09F
Interrupt-Controller 2 (8259A)	entfällt	0A0-0BF
DMA-Controller 2 (8237A-5)	entfällt	0C0-0DF
Mathematischer Coprozessor	entfällt	0F0-0F1
Mathematischer Coprozessor	entfällt	0F8-0FF
Festplatten-Controller	320-32F	1F0-1F8
Spiele-Adapter (Joysticks)	200-20F	200-207
Erweiterungseinheit	210-217	entfällt
Anschluß für 2. Parallel-Drucker	entfällt	278-27F
zweiter serieller Anschluß	2F8-2FF	2F8-2FF
Prototypkarte	300-31F	300-31F
Netzwerk-Karte	entfällt	360-36F
Anschluß für 1. Parallel-Drucker	378-37F	378-37F
monochrome Bildschirmkarte und Parallel-Drucker Anschluss	3B0-3BF	3B0-3BF
Farb-/Grafik-Bildschirmkarte	3D0-3DF	3D0-3DF
Disketten-Controller	3F0-3F7	3F0-3F7
erster serieller Anschluß	3F8-3FF	3F8-3FF

5.3 Monochrome Bildschirmkarten

Die monochrome Bildschirmkarte stellt im Trio der drei im PC-Bereich am weitesten verbreiteten Video-Karten das schwächste Glied dar. Sie verfügt lediglich über einen Videomodus, in dem 25 Zeilen zu je 80 Spalten mit Zeichen aus dem ASCII-Zeichensatz des PC gefüllt werden können. Jedes Zeichen wird dabei in einer Punktmatrix dargestellt, die aus 14 Zeilen zu je 9 Punkten besteht. Die Bitmuster der einzelnen Zeichen werden einem ROM-Baustein auf der Video-Karte entnommen. Jedes Zeichen verfügt über ein eigenes Attribut-Byte, das seine Darstellung auf dem Bildschirm beschreibt. Sein Aufbau geht aus der folgenden Abbildung hervor.

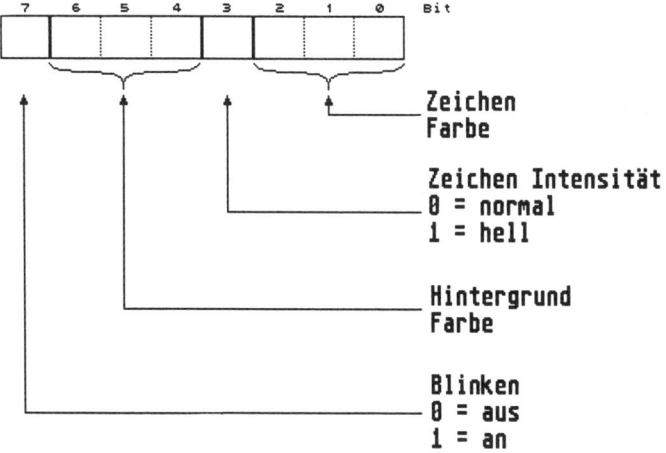

Abbildung: Aufbau des Attribut-Bytes bei der IBM-Monochrom-Karte
und sinnvolle Werte

Die Bitkombinationen für die drei Hintergrund-Bits und die Zeichenfarbe können jedoch nicht beliebig gewählt werden, da die monochrome Bildschirmkarte nur bestimmte Kombinationen erlaubt. Sie sind in der folgenden Abbildung dargestellt.

Natürlich muß der Prozessor der Videokarte zum Bildschirmaufbau wissen, welches Zeichen er mit welchem Attribut an den verschiedenen Bildschirmpositionen aufbauen soll. Er verwaltet dazu einen Speicherbereich, der den Namen Video-RAM trägt und sich in den RAM-Speicher des PCs ab der Segmentadresse B000h einfügt. Da hier neben dem ASCII-Code für die jeweilige Bildschirmposition auch das zugehörige Attribut gespeichert wird, umfaßt der Video-RAM 80 * 25 * 2 = 4000 Bytes. Wie die folgende Abbildung zeigt, beginnt der Video-RAM mit den Informationen für das Zeichen in der oberen linken Bildschirmecke. Wie bei allen Zeichen wird dabei zunächst der ASCII-Code des jeweiligen Zeichens und dann das zugehörige Attribut abgespeichert. Es folgen die Informationen für die Spalte 1 der Zeile 0, dann für Spalte 2 usw. Nach jeweils 80 Zeichen, also nach 160 Bytes, folgt die nächste Zeile. Die Offsetadresse eines Zeichens im Video-RAM läßt sich dadurch über folgende Formel berechnen:

$$Spalte * 2 + Zeile * 160$$

Den Aufbau des Video-RAM macht auch die folgende Abbildung deutlich:

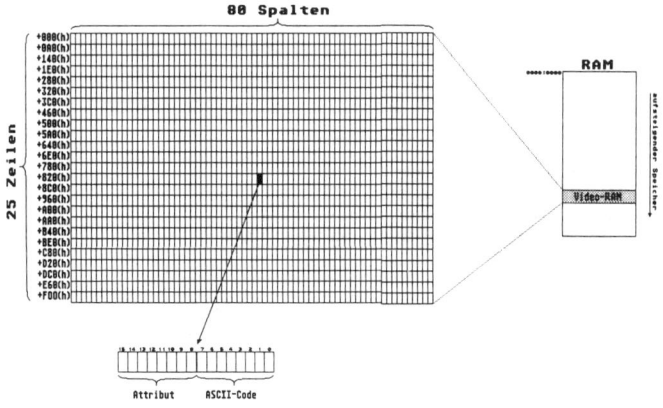

88 Spalten

25 Zeilen

+800(h)
+8A8(h)
+140(h)
+1E8(h)
+288(h)
+328(h)
+3C8(h)
+468(h)
+508(h)
+5A8(h)
+648(h)
+6E8(h)
+788(h)
+828(h)
+8C8(h)
+968(h)
+A08(h)
+AA8(h)
+B48(h)
+BE8(h)
+C88(h)
+D28(h)
+DC8(h)
+E68(h)
+F00(h)

RAM

zugehöriger Speicher

Video-RAM

Attribut   ASCII-Code

Abbildung: Aufbau des Video-RAMs

Da die monochrome Video-Karte über nur einen Video-modus verfügt, gibt es an ihr nicht viel zu programmieren. Über das Steuerregister, das über den Port 3B8h ange-sprochen werden kann, läßt sich denn auch nur der Bild-schirm an- und abschalten sowie festlegen, ob das Bit 7 im Attribut-Byte eines Zeichens darüber entscheidet, ob das Zeichen mit hellem Hintergrund oder blinkend dargestellt werden soll.

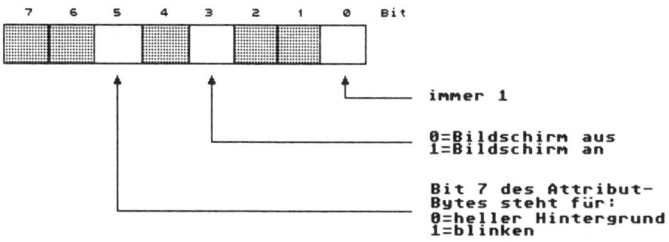

7 6 5 4 3 2 1 0 Bit

immer 1

0=Bildschirm aus
1=Bildschirm an

Bit 7 des Attribut-
Bytes steht für:
0=heller Hintergrund
1=blinken

Abbildung: Aufbau des Steuerregisters /3B8(h))

Der Video-Controller, der den Aufbau des Bildschirms verwaltet, besitzt 18 interne Register, die verschiedene Parameter für den Bildschirmaufbau enthalten. Jedoch kön-nen diese Register nicht direkt, sondern nur indirekt an-gesprochen werden, indem zunächst die Nummer des an-zusprechenden Registers auf dem Port 3B4h ausgegeben wird. Auf das angesprochene Register kann danach mit Hilfe der Maschinensprache-Befehle IN und OUT über den Port 3B5h zugegriffen werden. Die folgende Tabelle zeigt die Bedeutung der 18 Register und ihren Inhalt für den 80*25-Zeichen-Textmodus auf.

0:	Horizontal-Zeichen gesamt	97
1:	Horizontal Zeichen angezeigt	80
2:	Horizontales Synchronisationssignal nach ... Zeichen	82
3:	Breite des horizontalen Synchronisationssignal in Zeichen	15
4:	Vertikal-Zeichen gesamt	25
5:	Vertikal-Zeichen total justiert	6
6:	Vertikal-Zeichen angezeigt	25
7:	Vertikales Synchronisationssignal nach ... Zeichen	25
8:	Verflechtungsmodus	2
9:	Anzahl der Scan-Zeilen pro Zeile	13
10:	Startzeile des blinkenden Bildschirm-Cursors	11
11:	Endzeile des blinkenden Bildschirm-Cursors	12
12:	Hi-Byte der Startadresse der Bildschirmseite	0
13:	Lo-Byte der Startadresse der Bildschirmseite	0
14:	Hi-Byte der Zeichen-Adresse des blinkenden Bildschirmcursors	0
15:	Lo-Byte der Zeichen-Adresse des blinkenden Bildschirmcursors	0
16:	Reserviert	
17:	Reserviert	

5.4 Color-Bildschirmkarten

Die Color-Bildschirmkarte zeichnet sich durch die Fähigkeit aus, neben 2 Textmodi auch über 2 Grafikmodi zu verfügen. Im Textmodus können die 25 Bildschirmzeilen mit wahlweise 40 oder 80 Spalten gefüllt werden. Da die Color-Videokarte über 16 KByte Video-RAM verfügt, können im 80-Spalten-Modus 4 und im 40-Spalten-Modus sogar 8 Bildschirmseiten verwaltet werden. Der Aufbau einer Bildschirmseite ähnelt dem einer monochromen Bildschirmkarte. Im Gegensatz zu einer monochromen Bildschirmkarte beginnt der Video-RAM hier jedoch nicht bei B000h, sondern bei B800h. Die Startadressen der verschiedenen Bildschirmseiten können Sie der folgenden Tabelle entnehmen.

Seite	40-Spalten-Modus	80-Spalten-Modus
0	B800:0000	B800:0000
1	B800:1000	B800:0800
2	B800:2000	B800:1000
3	B800:3000	B800:1800
4	-	B800:2000
5	-	B800:2800
6	-	B800:3000
7	-	B800:3800

Für jedes Zeichen wird im Video-RAM zunächst der ASCII-Code und dann das Farb- bzw. Attributbyte abgelegt, dessen Aufbau aus der folgenden Abbildung hervorgeht.

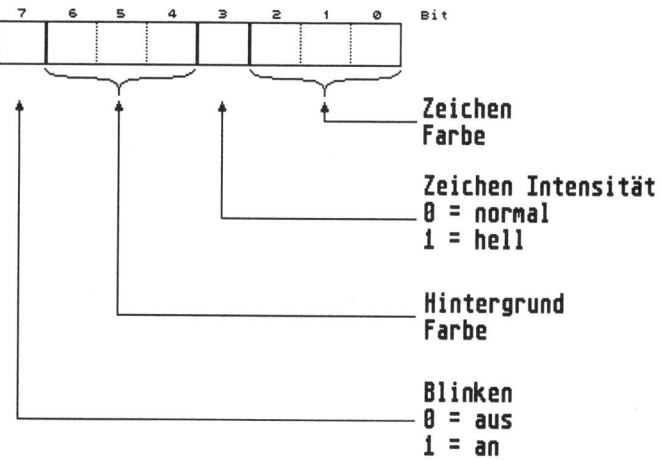

Abbildung: Aufbau des Attribut-Bytes bei der Color-Karte

Für die Zeichen- und Hintergrundfarbe können die verschiedenen Codes aus der folgenden Tabelle eingesetzt werden.

dez	hex	binär	Farbe
0	0	0000	schwarz
1	1	0001	blau
2	2	0010	grün
3	3	0011	kobaltblau
4	4	0100	rot
5	5	0101	violett
6	6	0110	braun
7	7	0111	hellgrau
8	8	1000	dunkelgrau
9	9	1001	hellblau
10	A	1010	hellgrün
11	B	1011	hellkobaltblau
12	C	1100	hellrot
13	D	1101	hellviolett
14	E	1110	gelb
15	F	1111	weiß

Abbildung: Die Farbpalette der Color-Karte

Neben den beiden Textmodi kennt die Color-Bildschirm-karte zwei Grafikmodi, die mit 640*200 oder mit 320*200 Punkten operieren. In beiden Modi kann jeweils nur eine Bildschirmseite verwaltet werden. Während im 640*200-Punkte-Modus mit nur 2 Farben gearbeitet werden kann, können die Grafikpunkte im 320*200-Punkte-Modus eine von 4 Farben annehmen. Diese 4 Farben können jedoch nicht frei gewählt werden, sondern sie entstammen einer von zwei Farbpaletten, die für den Bildschirmaufbau aus-gewählt wurde. In den beiden Paletten stehen folgende Farben zur Verfügung:

Palette 1: Farbe 1: Cyan
            Farbe 2: Violett
            Farbe 3: Weiß

Da neben diesen 3 Farben jeweils noch eine separat an-
wählbare Hintergrundfarbe zur Verfügung steht, benötigt
man pro Bildpunkt zwei Bits zur Kodierung der Farbe, wie
es die folgende Tabelle zeigt.

Code		Bedeutung
0	00b	frei wählbare Hintergrundfarbe
1	01b	Farbe 1 der gewählten Palette
2	10b	Farbe 2 der gewählten Palette
3	11b	Farbe 3 der gewählten Palette

Der Video-RAM ist in diesem Modus vollkommen anders
aufgebaut als im Textmodus. Er wird in zwei Blöcke aufgeteilt, wobei der erste Block, der an der Adresse
B800:0000 beginnt, die Bildschirmzeilen mit den geraden
Nummern und der zweite Block, beginnend mit der
Adresse B800:2000, die Zeilen mit den ungeraden Nummern aufnimmt.

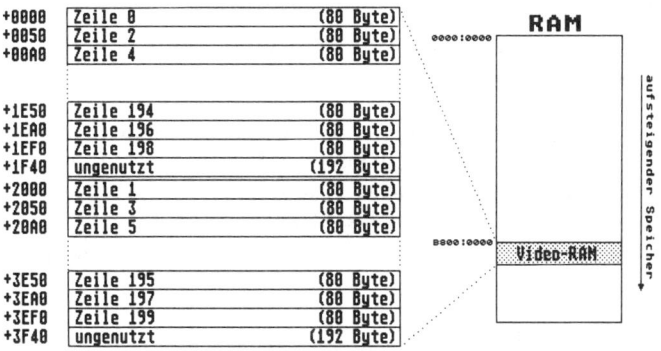

Abbildung: Aufbau des Video RAMs im Grafikmodus (Blockung)

Innerhalb der beiden Blöcke nimmt jede Grafikzeile 80
Bytes in Anspruch, da die 320 Punkte einer Zeile jeweils in
Vierergruppen in einem Byte kodiert werden. Das erste
Byte einer Grafikzeile (einer 80-Byte-Reihe) korrespon-
diert dabei mit den ersten 4 Punkten der Grafikzeile auf
dem Bildschirm. Die Bits 7 und 8 enthalten die Farbinfor-

mationen für den linken und die Bits 0 und 1 die Farb-
informationen für den rechten Punkt der vier Punkte, die
durch das jeweilige Byte repräsentiert werden.

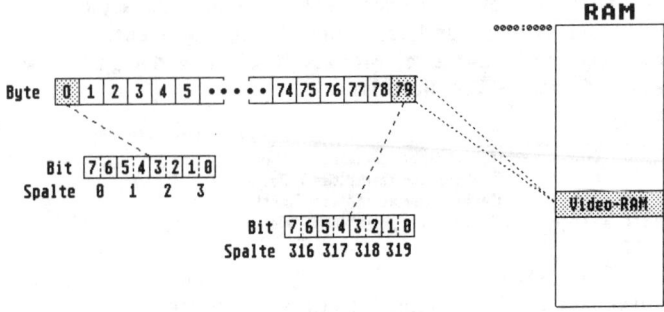

Abbildung: Kodierung einer Grafikzeile im 320*200-Punkt-Modus

Die Offsetadresse des Bytes, in dem die Informationen für
einen Bildschirmpunkt kodiert sind, und die entsprechende
Bitnummer innerhalb dieses Bytes lassen sich über folgende
Formel berechnen.

Adresse = 2000h * (Y mod 2) + 80 * int(Y/2) + int(X/4)

Bitnummer = 6 - 2 * (X mod 4)

Der Aufbau des Video-RAM im 640*200-Punkte-Modus
gleicht dem im 320*200-Punkte-Modus mit dem Unterschied, daß hier in einem Byte jeweils die Informationen
für 8 und nicht für 4 Punkte kodiert werden.

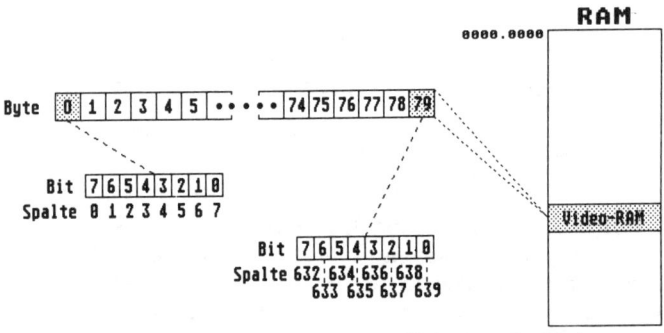

Abbildung: Kodierung einer Grafikzeile im 640*200-Punkt-Modus

Die obigen beiden Formeln müssen für diesen Modus deshalb etwas modifiziert werden.

$$\text{Adresse} = 2000h * (Y \bmod 2) + 80 * \text{int}(Y/2) + \text{int}(X/8)$$

$$\text{Bitnummer} = 7 - (X \bmod 8)$$

Natürlich muß dem Video-Controller mitgeteilt werden, welchen der 4 Video-Modi er beim Bildschirmaufbau berücksichtigen soll. Dazu existiert an der Portadresse 3D8h ein Modusauswahl-Register, dessen einzelne Bits folgende Bedeutung haben:

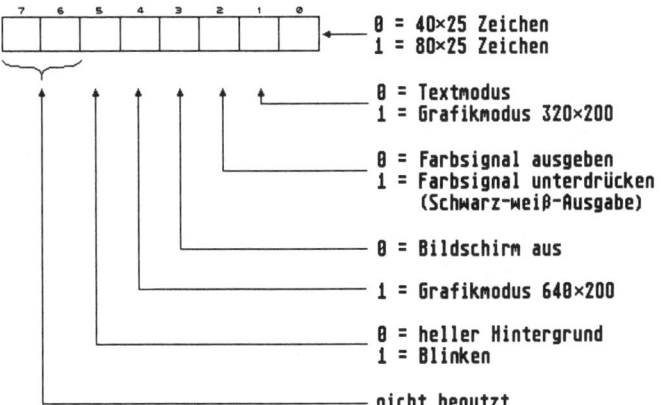

Abbildung: Aufbau des Modusauswahl-Register

Die folgende Tabelle zeigt Ihnen die Bitbelegung für die verschiedenen Videomodi.

Bit 4	Bit 2	Bit 1	Bit 0	Resultat
0	1	0	0	40*25 Text schwarzweiß
0	0	0	0	40*25 Text farbig
0	1	0	1	80*25 Text schwarzweiß
0	0	0	1	80*25 Text farbig
0	1	1	0	320*200 Grafik schwarzweiß
0	0	1	0	320*200 Grafik farbig
1	1	1	0	640*200 Grafik schwarzweiß

Zur Farbkontrolle findet sich an der Adresse 3D9h ein Farbauswahlregister, dessen einzelne Bits folgende Bedeutung haben.

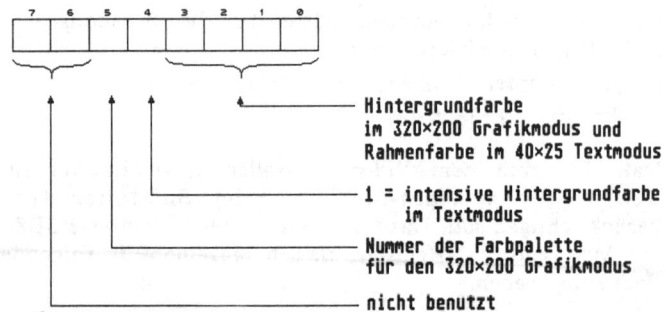

Abbildung: Aufbau des Farbauswahlregisters

Auch der Videocontroller der Color-Bildschirmkarte verfügt über 18 Register, die wie bei der monochromen Bildschirmkarte über zwei verschiedene Ports angesprochen
werden können. Auf den Port 3D4h muß dazu zunächst die
Nummer der anzusprechenden Speicherstelle ausgegeben
werden, worauf über den Port 3D5h auf das adressierte
Register zugegriffen werden kann. In der folgenden Tabelle
beschreibt T1 den Inhalt der verschiedenen Register für
den 40*25-Zeichen-Textmodus, T2 für den 80*25-Text-
modus und G für die verschiedenen Grafikmodi.

		T1	T2	G
0:	Horizontal-Zeichen gesamt	56	113	56
1:	Horizontal-Zeichen angezeigt	40	80	40
2:	Horizontales Synchronisationssignal nach … Zeichen	45	90	45
3:	Breite des horizontalen Synchronisationssignals in Zeichen	10	10	10
4:	Vertikal-Zeichen gesamt	31	31	127
5:	Vertikal-Zeichen total justiert	6	6	6
6:	Vertikal-Zeichen angezeigt	25	25	100
7:	vertikales Synchronisationssignal nach … Zeichen	28	28	112
8:	Verflechtungsmodus	2	2	2
9:	Anzahl der Scan-Zeilen pro Zeile	7	7	1
10:	Startzeile des blinkenden Bildschirm-Cursors	6	6	6
11:	Endzeile des blinkenden Bildschirm-Cursors	7	7	7
12:	Hi-Byte der Startadresse der Bildschirmseite	0	0	0
13:	Lo-Byte der Startadresse der Bildschirmseite	0	0	0
14:	Hi-Byte der Zeichen-Adresse des blinkenden Bildschirm-Cursors	0	0	0
15:	Lo-Byte der Zeichen-Adresse des blinkenden Bildschirm-Cursors	0	0	0
16:	Reserviert			
17:	Reserviert			

5.5 Hercules-Grafikkarte

Gegenüber der normalen monochromen Bildschirmkarte verfügt die Hercules-Grafikkarte über eine ganze Reihe zusätzlicher Features. So ist sie nicht nur zur Darstellung von zwei 80*2ᵥ-Zeichen-Textseiten, sondern auch zur 80×25 Darstellung von 2 Grafikseiten mit einer Auflösung von jeweils 720*348 Punkten in der Lage. Die erste der beiden Grafikseiten beginnt grundsätzlich an der Adresse B000:0000 und die zweite bei B000:8000. Der Aufbau der beiden Bildschirmseiten und des Attribut-Bytes entspricht dem der normalen monochromen Bildschirmkarte.

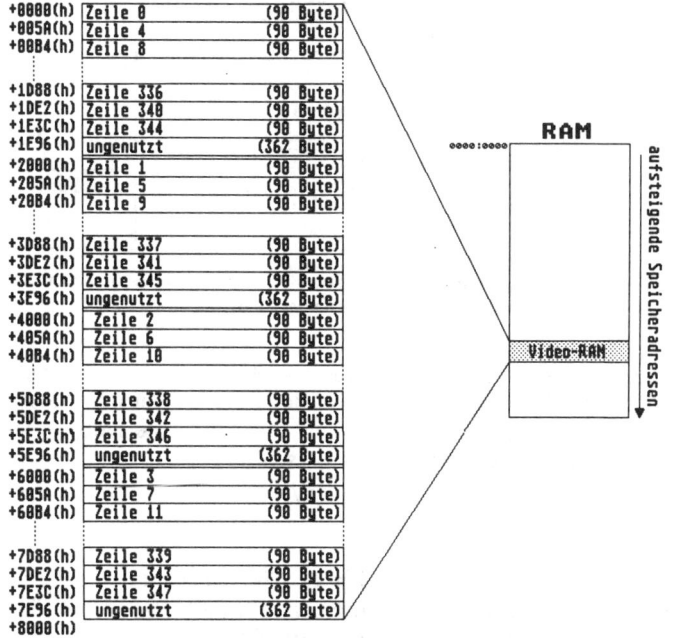

+0000(h)	Zeile 0	(90 Byte)
+005A(h)	Zeile 4	(90 Byte)
+00B4(h)	Zeile 8	(90 Byte)
+1D88(h)	Zeile 336	(90 Byte)
+1DE2(h)	Zeile 340	(90 Byte)
+1E3C(h)	Zeile 344	(90 Byte)
+1E96(h)	ungenutzt	(362 Byte)
+2000(h)	Zeile 1	(90 Byte)
+205A(h)	Zeile 5	(90 Byte)
+20B4(h)	Zeile 9	(90 Byte)
+3D88(h)	Zeile 337	(90 Byte)
+3DE2(h)	Zeile 341	(90 Byte)
+3E3C(h)	Zeile 345	(90 Byte)
+3E96(h)	ungenutzt	(362 Byte)
+4000(h)	Zeile 2	(90 Byte)
+405A(h)	Zeile 6	(90 Byte)
+40B4(h)	Zeile 10	(90 Byte)
+5D88(h)	Zeile 338	(90 Byte)
+5DE2(h)	Zeile 342	(90 Byte)
+5E3C(h)	Zeile 346	(90 Byte)
+5E96(h)	ungenutzt	(362 Byte)
+6000(h)	Zeile 3	(90 Byte)
+605A(h)	Zeile 7	(90 Byte)
+60B4(h)	Zeile 11	(90 Byte)
+7D88(h)	Zeile 339	(90 Byte)
+7DE2(h)	Zeile 343	(90 Byte)
+7E3C(h)	Zeile 347	(90 Byte)
+7E96(h)	ungenutzt	(362 Byte)
+8000(h)		

RAM

0000:0000

Video-RAM

aufsteigende Speicheradressen

Abbildung: Verknüpfung zwischen des einzelnen Blöcken des Video-RAMs und dem entstehenden Bild am Beispiel der ersten Bildschirmseite

Im Grafikmodus wird die Bildschirmseite jeweils in 4 Blöcke unterteilt, wobei der erste Block die Zeilen 0, 4, 8 etc., der zweite die Zeilen 1, 5, 9 etc., der dritte die Zeilen 2, 6, 10 etc. und der vierte schließlich die Zeilen 3, 7, 11,

usw. aufnimmt. Da jede Zeile 720 Punkte enthält und pro
Byte im Video-RAM 8 Punkte kodiert werden, benötigt
jede Zeile 90 Bytes an Speicherplatz. Die einzelnen Blöcke
selbst beginnen an den Offsetadressen 0000h, 2000h, 4000h
und 6000h relativ zum Anfang der Bildschirmseite, wie es
die obere Abbildung zeigt.

Wie die 720 Punkte einer Zeile innerhalb der zur Verfügung stehenden 90 Bytes kodiert werden, zeigt Ihnen die
folgende Abbildung.

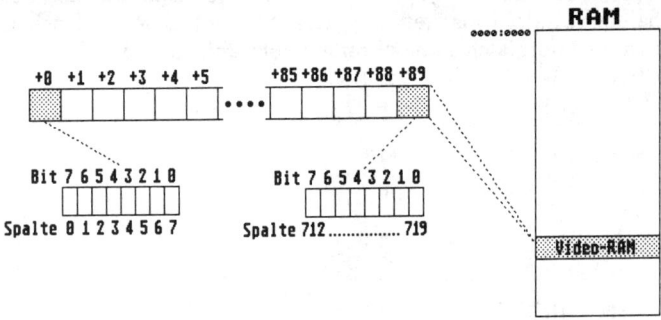

Abbildung: Zuordnung zwischen den 90 Byte einer Zeile und dem auf
dem Bildschirm erscheinenden Bild

Durch diesen Aufbau des Video-RAMs ergeben sich folgende Formeln zur Berechnung des Bytes, innerhalb dessen
ein Grafikpunkt kodiert ist, bzw. des Bits innerhalb dieses
Bytes, das den Grafikpunkt repräsentiert.

Adresse = 2000h * (Y mod 90) * int(Y/4) + int(X/8)

Bitnummer = 7 - (X mod 8)

Um dem Videocontroller den Grafikmodus und die Nummer der anzuzeigenden Bildschirmseite mitzuteilen, verfügt
die Hercules-Grafikkarte über ein Steuerregister, das über
den Port 3B8h erreicht werden kann. Seinen Aufbau zeigt
die folgende Abbildung.

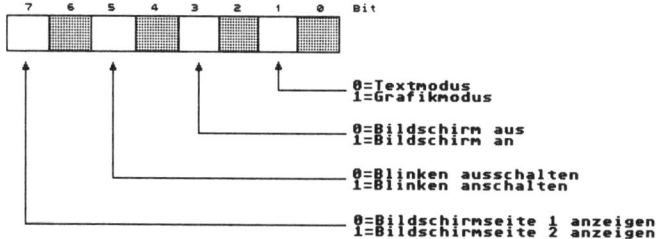

Abbildung: Aufbau des Steuerregisters (3B8(h)) bei Hercules

Neben diesem Register müssen jedoch auch die 18 Register des Videocontrollers für den Grafik- und Textmodus programmiert werden. Wie bie der monochromen Bildschirmkarte muß zum Zugriff auf ein Register zunächst einmal seine Nummer auf dem Port 3B4h ausgegeben werden, damit danach über den Port 3B5h auf das Register zugegriffen werden kann. Welche Werte die einzelnen Register in den beiden Modi enthalten müssen, zeigt Ihnen die folgende Abbildung.

		T	G
0:	Horizontal-Zeichen gesamt	97	53
1:	Horizontal-Zeichen angezeigt	80	45
2:	Horizontales Synchronisationssignal nach ... Zeichen	82	46
3:	Breite des horizontalen Synchronisationssignals in Zeichen	15	7
4:	Vertikal-Zeichen gesamt	25	91
5:	Vertikal-Zeichen total justiert	6	2
6:	Vertikal-Zeichen angezeigt	25	87
7:	Vertikales Synchronisationssignal nach ... Zeichen	25	87
8:	Verflechtungsmodus	2	2
9:	Anzahl der Scan-Zeilen pro Zeile	13	3
10:	Startzeile des blinkenden Bildschirm-Cursors	11	0
11:	Endzeile des blinkenden Bildschirm-Cursors	12	0
12:	Hi-Byte der Startadresse der Bildschirmseite	0	0
13:	Lo-Byte der Startadresse der Bildschirmseite	0	0
14:	Hi-Byte der Zeichen-Adresse des blinkenden Bildschirm-Cursors	0	0
15:	Lo-Byte der Zeichen-Adresse des blinkenden Bildschirm-Cursors	0	0
16:	Reserviert		
17:	Reserviert		

6. BIOS

6.1 BIOS-Variablen

Wie jedes andere Programm auch, so muß sich das BIOS bei seiner Arbeit Daten und Variablen in Speicherstellen merken. Da dies innerhalb seines eigenen Speicherbereichs nicht möglich ist (das BIOS ist im ROM enthalten), wird ihm im ersten Speichersegment des PC zwischen den Adressen 0040:0000 und 0050:0000 ein 256 Byte großer Speicherbereich zur freien Verfügung zugewiesen.

Zwar können die Inhalte der meisten der Daten und Variablen, die dort abgespeichert sind, auch über eine der vielen BIOS-Funktionen ermittelt werden, doch kann es manchmal sinnvoll sein, direkt auf sie zuzugreifen. Zwar ist die Anordnung der verschiedenen Variablen innerhalb dieses Speicherbereichs nicht standardisiert, doch halten sich zumindest die verschiedenen Markenhersteller (wie IBM, Compaq oder Commodore) an die im nachfolgenden aufgezeigte Variablen-Anordnung. Beachten Sie bitte, daß im folgenden jeweils die Offsetadresse einer Variablen relativ zur Adresse 0040:0000 angegeben wird. Eine Variable mit der Offsetadresse 10h hat damit die Adresse 0040:0010.

00h - 07h
***

Während des Boot-Vorgangs ermittelt eine BIOS-Routine die Konfiguration Ihres PCs. Sie stellt dabei unter anderem die Anzahl der installierten seriellen Schnittstellen (RS232) fest. Die Basisadressen (Ports) dieser Karten verzeichnet sie dabei in den Speicherstellen 0040:0000 bis 0040:0007 in Form von 4 Words. Da allerdings kaum ein PC über 4 RS232-Karten verfügt, enthalten die Words, die keine Karte repräsentieren, den Wert 0.

08h - 0fh
***

Analog zu den obigen Variablen werden hier die Basisadressen der maximal 4 installierbaren (parallelen) Druckeradapter verzeichnet.

Dieses Word repräsentiert die hardwaremäßige Ausstattung des PCs, wie sie auch über den (BIOS-) Interrupt 11h abgerufen werden kann und während des Boot-Vorgangs vom BIOS ermittelt wird. Die Bedeutung der einzelnen Bits dieses Word ist für den PC und den XT standardisiert, kann bei einigen anderen Rechner jedoch etwas abweichen. (Siehe dazu die Seite 85)

Dieses Byte dient zur Speicherung bestimmter Informationen während des Selbsttests des Systems, der während des Boot-Vorgangs und nach einem Warmstart durchgeführt wird. Für den Programmierer hat es dadurch keinen praktischen Nutzen.

An dieser Speicheradresse befindet sich ein Word, das die Speicher- (RAM-) Kapazität des Systems in Kilobytes angibt. Auch diese Information wird während des Boot-Vorgangs ermittelt und kann über den (BIOS-) Interrupt 12h abgefragt werden.

Auch diese beiden Bytes werden lediglich während des Boot-Vorgangs zum Testen der Hardware benötigt. Sie haben danach keine weitere Bedeutung mehr.

Dieses Byte wird als "Tastatur-Status-Byte" bezeichnet, weil es den Status der Tastatur und verschiedener Tasten wiedergibt. Den Inhalt dieses Bytes können Sie auch mit Hilfe der Funktion 2 des (BIOS-) Tastatur-Interrupts 16h ermitteln. Über den Zugriff auf dieses Byte ist es z.B. möglich, den Insert- oder Großschrift- (CAPS-) Modus an-

oder auszuschalten. Dabei sind jedoch nur die höherwertigen 4 Bits dieses Bytes interessant, die unteren 4 Bits sollten Sie besser unangetastet lassen.

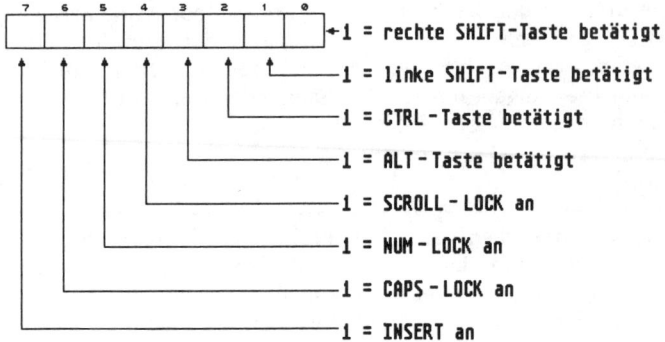

Abbildung: Aufbau des ersten Tastatur-Status-Bytes

18h

Die Bedeutung dieses Bytes ähnelt der von Byte 17h, mit dem Unterschied, daß hier nicht der Insert- oder der Großschriftstatus angegeben wird, sondern daß direkt auf das Niederdrücken einer dieser Tasten Bezug genommen wird.

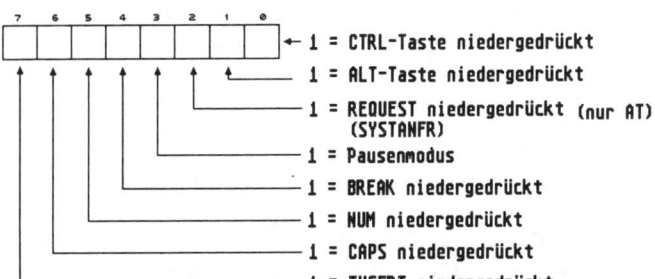

Abbildung: Aufbau des zweiten Tastatur-Status-Bytes

Dieses Byte wird in einer zukünftigen erweiterten Verwendung der Tastatur von Bedeutung sein. Im Augenblick wird es noch nicht genutzt.

1Ah - 1Bh

Die Adresse des nächsten zu lesenden Zeichens im Tastaturpuffer wird in diesem Word verzeichnet (siehe auch 1Eh).

1Ch - 1Dh

Dieses Word nimmt die Adresse des letzten Zeichens im Tastaturpuffer auf (siehe auch 1Eh).

1Eh - 3Dh

In diesem Speicherbereich findet der eigentliche Tastaturpuffer Platz. Da jedes im Tastaturpuffer gespeicherte Zeichen 2 Byte in Anspruch nimmt, bietet er mit seiner Größe von 32 Bytes maximal 16 Zeichen Platz. Bei einem normalen ASCII-Zeichen wird dabei zunächst einmal der ASCII-Code und dann der Scan-Code des Zeichens abgespeichert.

Der Puffer ist als eine Art Ringpuffer konzipiert, aus dem ständig Zeichen gelesen und - sofern er nicht voll ist - eingefügt werden können. Die Adresse des nächsten Zeichens, das aus dem Tastaturpuffer gelesen werden muß, gibt dabei der Inhalt des Words in der Speicherstelle 0040:001A an, während die Position des letzten Zeichens im Tastaturpuffer an der Adresse 0040:001C verzeichnet ist.

3Eh

Die vier unteren Bits entsprechen den (maximal) vier an den PC anschließbaren Diskettenlaufwerken und geben jeweils an, ob das entsprechende Laufwerk kalibriert werden muß. Dies ist dann der Fall, wenn ein Lese-, Schreiboder Suchzugriff auf das Diskettenlaufwerk mißglückt ist (z.B. weil sich überhaupt keine Diskette im Laufwerk befand). In einem solchen Fall ist das entsprechende Bit in diesem Byte auf 0 gesetzt.

3Fh

Auch die vier unteren Bits dieses Bytes beziehen sich auf die vier Diskettenlaufwerke. Sie signalisieren hier, ob der jeweilige Diskettenmotor des Laufwerks in Bewegung ist. Dies trifft immer dann zu, wenn das jeweilige Bit den Wert 1 enthält. Zusätzlich dazu ist das Bit 7 immer dann gesetzt, wenn gerade ein Schreibzugriff durchgeführt wird.

40h

Dieses Byte enthält einen numerischen Wert, der die Zeitdauer angibt, nach der der Motor des Diskettenlaufwerks abgeschaltet wird. Da das BIOS jeweils nur auf ein Diskettenlaufwerk gleichzeitig zugreifen kann, bezieht sich dieser Wert auf das Laufwerk, auf das der letzte Zugriff erfolgte. Nachdem der Zugriff auf dieses Laufwerk beendet wurde, plaziert BIOS den Wert 37 in diesem Register, der mit Hilfe des Timers 18,2mal in der Sekunde dekrementiert wird. Erreicht er schließlich den Wert 0, ohne daß zuvor ein erneuter Zugriff auf die Diskette stattgefunden hat, wird der Diskettenmotor abgeschaltet.

41h

In diesem Byte ist der Status des letzten Diskettenzugriffs verzeichnet. Enthält dieses Byte den Wert 0, so wurde die letzte Diskettenoperation odnungsgemäß ausgeführt. Ein anderer Wert signalisiert einen vom Controller des Diskettenlaufwerks übermittelten Fehler-Code.

42h - 48h

Diese 7 Bytes geben den Status des NEC-Disketten-Controllers an. Bei einem Festplattensystem nehmen sie zusätzlich den Status des Festplatten-Controllers auf.

In diesem Byte merkt sich das BIOS den aktuellen Bildschirmmodus. Es handelt sich dabei um den gleichen Wert,
den Sie bei der Aktivierung eines Bildschirmmodus über
die Funktion 0 des (BIOS-) Video-Interrupts 10h angeben.

Das Word an dieser Speicherstelle nimmt die Anzahl der
(Text-) Spalten pro Bildschirmzeile im aktuellen Bildschirmmodus auf.

In diesem Word verzeichnet das BIOS die Anzahl der Bytes,
die zur Darstellung einer Bildschirmseite im aktuellen
Bildschirmmodus benötigt werden. Im 80*25-Zeichen-
Textmodus sind dies z.B. 4000 Bytes.

Dieses Word nimmt die Adresse der aktuell auf dem Bildschirm dargestellten Bildschirmseite relativ zum Anfang des
Video-RAM der Videokarte auf.

BIOS ist in der Lage, maximal 8 Bildschirmseiten zu verwalten. Für jede dieser Bildschirmseiten speichert es beginnend mit der Seite 0 in diesen 16 Bytes die aktuelle
Cursorposition ab. Für jede Seite werden dabei 2 Bytes
reserviert, wobei im unteren Byte die Bildschirmspalte (je
nach Bildschirmmodus 0 bis 39 oder 0 bis 79) und im
darauffolgenden Byte die Bildschirmzeile (0 bis 24) abgespeichert wird. Werden die Werte in dieser Tabelle verändert, ändert sich dadurch zwar nicht die Position des blinkenden Bildschirmcursors, doch macht sich diese Änderung
bei der nächsten Zeichenausgabe in die entsprechende
Bildschirmseite bemerkbar.

60h

In diesem Byte wird die Startzeile des blinkenden Bildschirmcursors (0 bis 7 bei einer Color- und 0 bis 14 bei einer monochromen Bildschirmkarte) abgespeichert. Die Änderung des Inhalts dieser Speicherstelle bewirkt allerdings noch keine Änderung des Aussehens des Bildschirmcursors, da sie zuvor vom BIOS an den Bildschirm-Controller weitergeleitet werden muß.

61h

Die Endzeile des blinkenden Bildschirmcursors wird in dieser Speicherstelle abgespeichert. Sie kann zwischen 0 und 7 bei einer Color- und 0 bis 14 bei einer monochromen Bildschirmkarte liegen. Die Änderung des Inhalts dieser Speicherstelle bewirkt allerdings noch keine Änderung des Aussehens des Bildschirmcursors, da sie zuvor vom BIOS an den Bildschirm-Controller weitergeleitet werden muß.

62h

In diesem Byte ist die Nummer der aktuell auf dem Bildschirm dargestellten Bildschirmseite verzeichnet.

63h - 64h

Die Basis- (Port-) -Adresse der Videokarte ist in diesem Word verzeichnet. Enthält ein PC mehrere Videokarten, so finden Sie hier die Adresse der Videokarte, die gerade aktiv ist.

65h

Der Inhalt des Modusauswahlregisters einer Videokarte entscheidet über den aktuellen Videomodus. Der jeweilige Wert ist in dieser Speicherstelle abgelegt.

Die Color-Karte verfügt im mittleren grafischen Auf-
lösungsmodus über die Möglichkeit, 320*200 Punkte in 4
verschiedenen Farben darzustellen. Drei dieser Farben entstammen dabei einer von zwei verfügbaren Farbpaletten.
Welche dieser Farbpaletten (0 oder 1) gerade aktiv ist, zeigt
der Inhalt dieses Bytes an.

Die BIOS-Versionen der ersten PCs, die noch über die
Möglichkeit des Anschlusses eines Kassettenrecorders zur
Datenspeicherung verfügten, nutzten diese 5 Bytes im
Zusammenhang mit der Datenspeicherung auf diesem
Gerät. XTs und ATs, die über diese Möglichkeit nicht
mehr verfügen, benutzen diese Speicherstellen im
Zusammenhang mit RAM-Speicher-Erweiterungen.

Diese vier Bytes werden vom BIOS (und vom DOS) als ein
32 Bit großer Zähler behandelt. Er wird bei jedem der ca.
18,2 Timer-Interrupts pro Sekunde um 1 erhöht. Dadurch
ist eine Zeitmessung möglich, die dann zur Angabe der
jeweils aktuellen Uhrzeit verwendet werden kann. Der Wert
dieses Zählers kann auch mit Hilfe des (BIOS-) Interrupts
1Ah gelesen und gesetzt werden.

Dieses Byte wird von der Zeitzähler-Routine immer dann
auf 1 gesetzt, wenn der Zeitzähler die 24-Stunden-Grenze
überschreitet. Bis zu diesem Zeitpunkt enthält es den Wert
0. Bei jeder folgenden Überschreitung der 24-Stunden-
Grenze bleibt dieses Byte dann auf 1.

Enthält das Bit 7 dieses Bytes den Wert 1, zeigt das BIOS
damit an, daß eine Tastaturunterbrechung nach Betätigung
der Tasten Ctrl-C oder Ctrl-Break durchgeführt worden ist.

Während des Boot-Vorgangs wird ein Reset-Befehl an den Tastatur-Controller gesandt. Für die Dauer dieses Resets nimmt das Word an dieser Speicherstelle den Wert 1234h an.

Hier endet der BIOS-Variablenbereich des "normalen" PC. Bedingt durch die Hardware-Erweiterungen des XT und des AT gegenüber dem PC folgen nun noch einige Variablen, die neu eingeführt worden sind.

74h - 77h

Diese 4 Bytes werden nur von Festplattensystemen zur Steuerung der Festplatte benutzt.

78h - 7Bh

Jedes dieser 4 Bytes steht für den Status eines der vier Druckeradapter.

7Ch - 7Fh

Diese 4 Bytes enthalten jeweils den Status eines der vier Adapter zur asynchronen Kommunikation (RS232).

80h - 81h

Dieses Word gibt den Anfang des Tastaturpuffers als Offsetadresse zur Segmentadresse 0040h an. Da der Tastaturpuffer normalerweise an der Adresse 0040:001E beginnt, enthält diese Speicherstelle meistens den Wert 1Eh.

82h - 83h

Analog zur vorhergehenden Variablen finden Sie hier das Ende des Tastaturpuffers als Offsetadresse zum BIOS-Variablensegment 0040. Da der Tastaturpuffer bei 0040:003E endet, nimmt diese Variable den Wert 3Eh auf.

Mit diesen beiden Variablen endet auch der BIOS-Variablenbereich des XT. Alle weiteren Variablen sind ausschließlich beim AT zu finden.

Hier wird die letzte Datenübertragungsrate des Disketten-/Festplattenlaufwerks festgehalten.

8Ch - 96h

In diesem Speicherbereich werden Variablen abgespeichert, die beim Zugriff auf Diskette oder Festplatte von Bedeutung sind.

97h

In dieser Variablen wird ein weiteres Tastatur-Flag gespeichert, das sich auf die Leuchtdioden der AT-Tastatur bezieht.

98h - A0h

Dieser Speicherbereich nimmt Variablen auf, die in Verbindung mit der batteriegepufferten Echtzeituhr von Bedeutung sind.

Allen Mitgliedern der PC-Familie, also sowohl dem PC als auch dem XT und dem AT, gemeinsam ist eine Variable in der Speicherstelle 0050:0000. Sie wird von der Hardcopy-Routine (Interrupt 5) genutzt, um zu verhindern, daß während der Ausgabe einer Hardcopy erneut eine Hardcopy angefordert wird. Solange eine Hardcopy ausgedruckt wird, enthält dieses Byte den Wert 1.

Wurde während des Ausdrucks ein Fehler in der Kommunikation mit dem Drucker festgestellt, wird dieses Flag auf den Wert 255 gesetzt, um die Ausgabe weiterer Hardcopies zu verhindern.

7. DOS

7.1 PSP

Bei dem Program-Segment-Prefix handelt es sich um eine
Datenstruktur, die das DOS jedem zur Ausführung ge-
brachten Programm (also sowohl COM- als auch EXE-Programmen) im Speicher voranstellt. Wie die folgende Abbildung zeigt, ist der PSP grundsätzlich 256 Byte groß und in
verschiedene Felder aufgeteilt. Für ein Programm besonders
interessant sind die letzten beiden Felder, über die einzig
und allein der Zugriff auf die Parameter möglich ist, die
der Anwender beim Aufruf des Programms hinter dem
Programmnamen eingegeben hat.

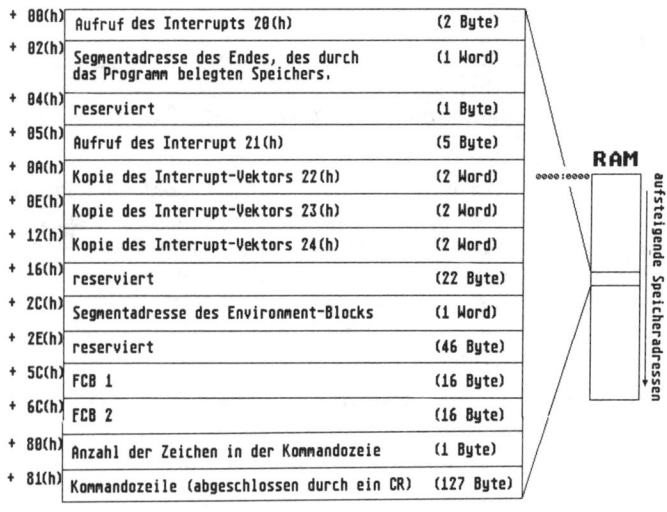

Abbildung: Aufbau des PSP

7.2 COM- und EXE-Programme

DOS kennt zwei Typen von ausführbaren Dateien, die sich
von ihrem Aufbau her grundlegend unterscheiden. Es handelt sich dabei um COM- und EXE-Dateien. Während

COM-Programme eine Länge von 64 KByte nicht über-
schreiten dürfen und auf Diskette oder Festplatte als Ab-
bild des RAM-Speicherinhalts abgespeichert sind, können
EXE-Programme eine beliebige Länge annehmen, werden
dafür aber verschlüsselt abgespeichert und können dadurch
nicht unmittelbar nach dem Ladevorgang zur Ausführung
gebracht werden. Ihnen geht jeweils ein Kopf voraus, der
bestimmte Informationen enthält, die der Umsetzung des
Programms in ablauffähigen Code dienen. Da diese Umsetzung bei COM-Programmen entfällt, werden sie nach
dem Laden schneller gestartet als EXE-Programme. Während bei EXE-Programmen ein oder sogar mehrere Segmente für den Code, die Daten und den Stack existieren
können, sind diese Objekte bei COM-Programmen in dem
einzigen 64-KByte-Segment untergebracht, aus dem das
Programm im Speicher besteht. Der Stack wird dabei vom
DOS automatisch am Ende des Segments plaziert, so daß
vom Programm dafür Sorge getragen werden muß, daß er
nicht so stark anwächst, daß Daten oder Teile des Pro-
grammcodes überschrieben werden. Den Aufbau der beiden
Programmtypen im Speicher und den Inhalt der Prozessor-
register nach dem Programmstart die folgende Abbildung
verdeutlicht.

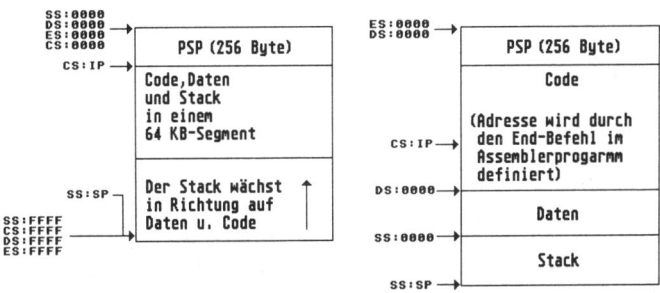

Abbildung: Vergleich zwischen COM- und EXE-Programmen nach dem
Einladen im Speicher

Der Kopf einer EXE-Datei dient zur Umsetzung der
Segmentbezüge innerhalb des Programms. Da ein EXE-Pro-
gramm aus mehreren Segmenten besteht, müssen die
Adressen der verschiedenen Segmente natürlich in die

einzelnen Segmentregister geladen werden. Da Programme unter DOS jedoch an nicht vorhersehbare Speicheradressen geladen werden, sind diese Adressen bei der Erstellung des Programms nicht bekannt und können erst nach dem Laden vom DOS-Loader in die entsprechenden Befehle eingetragen werden. Die dafür notwendigen Informationen enthält der Kopf einer EXE-Datei.

+ 00(h)	Kennzeichnung eines EXE-Programms 5A4D(h)	(1 Word)
+ 02(h)	Dateilänge MOD 512	(1 Word)
+ 04(h)	Dateilänge DIV 512	(1 Word)
+ 06(h)	Anzahl der anzupassenden Segmentadressen	(1 Word)
+ 08(h)	Größe des Kopfes in Paragraphen (je 16 Byte)	(1 Word)
+ 0A(h)	Minimale Anzahl zusätzlich benötigter Paragraphen	(1 Word)
+ 0C(h)	Maximale Anzahl zusätzlich benötigter Paragraphen	(1 Word)
+ 0E(h)	Anfang des Stack-Segments in der EXE-Datei	(1 Word)
+ 10(h)	Inhalt des SP-Registers beim Programmstart	(1 Word)
+ 12(h)	Prüfsumme über den Kopf des EXE-Programms	(1 Word)
+ 14(h)	Inhalt des IP-Registers beim Programmstart	(1 Word)
+ 16(h)	Anfang des Code-Segments in der EXE-Datei	(1 Word)
+ 18(h)	Adresse der "Relocation Table" in der EXE-Datei	(1 Word)
+ 1A(h)	Overlay-Nummer (0)	(1 Word)
+ 1C(h)	Pufferspeicher	(Variabel)
	Adresse der anzupassenden Segmentadressen (Relocation Table)	(Variabel)
	Pufferspeicher	(Variabel)
	Code- und Datensegmente	(Variabel)
	Stacksegment	(Variabel)

Abbildung: Aufbau des Kopfes einer EXE-Datei

7.3   Standard-Handles

Der Zugriff auf Dateien erfolgt unter DOS mit Hilfe der sogenannten Handles. Beim Öffnen einer Datei wird dazu dem Programm ein Handle (ein numerischer Wert in Form eines Word) zugeteilt, der für das DOS bei allen nachfolgenden Zugriffen auf die Datei als Schlüssel zur Identifikation der angesprochenen Datei dient. Maximal 20 solcher Handles können einem Programm zugewiesen werden, wobei die ersten 5 nach dem Programmstart automatisch geöffnet werden und mit folgenden Geräten verbunden sind.

Handle	Gerät
0	Standard-Eingabegerät (Tastatur)
1	Standard-Ausgabegerät (Bildschirm)
2	Standardgerät zur Ausgabe von Fehlermeldungen (Bildschirm)
3	serielle Schnittstelle #1
4	Drucker #1

Zwei dieser Handles, die Handles 0 und 1,, können allerdings beim Aufruf eines Programms mit Hilfe der Zeichen "<" und ">" durch den Anwender auf andere Geräte oder Dateien umgeleitet werden. Die Handles 2 bis 4 sind jedoch immer mit dem angegebenen Gerät verbunden und können durch den Anwender beim Aufruf eines Programms nicht umgeleitet werden.

Im Gegensatz zu den Handles, die das Programm nachträglich mit Hilfe einer DOS-Funktion erhält, müssen diese Handles vor dem Programmende nicht mit Hilfe der CLOSE-Funktion geschlossen werden.

Den einzelnen Geräten werden vom DOS logische Namen zugeordnet, die z.B. beim Aufruf der OPEN-Funktion angegeben werden können, um nicht eine Datei, sondern ein Gerät zu öffnen und ein Handle zum Zugriff auf dieses Gerät zu erhalten. Diese Namen sind im einzelnen:

Name	Zugriff auf
CON	Tastatur und Bildschirm (Konsole)
NUL	imaginäres Gerät ohne Wirkung (eine Art Mülleimer)
AUX	Standard serielle Schnittstelle
COM1	serielle Schnittstelle #1
COM2	serielle Schnittstelle #2
PRN	Standard Drucker
LPT1	paralleler Drucker #1
LPT2	paralleler Drucker #2

7.4   File-Control-Block (FCB)

Während die DOS-Funktionen zum Dateizugriff, die mit der Vers. 2.0 eingeführt worden, sich beim Zugriff auf eine Datei eines sogenannten Handles bedienen, greifen die Funktionen der Vers. 1.0 dazu weiterhin auf eine FCB (file control block) genannte Datenstruktur zurück. Sie muß jeweils vom Programm in seinem Speicherbereich angelegt und ihre Adresse bei jedem Aufruf einer der FCB-Funktionen an das DOS übergeben werden. Dieser FCB ist jeweils 37 Byte lang und enthält verschiedene Felder, wie aus der folgenden Abbildung hervorgeht.

Offset	Feld	Größe
+ 00(h)	Gerätename	(1 Byte)
+ 01(h)	Dateiname	(8 Byte)
+ 09(h)	Dateierweiterung	(3 Byte)
+ 0C(h)	Aktuelle Blocknummer	(1 Word)
+ 0E(h)	Datensatz-Größe	(1 Word)
+ 10(h)	Datei-Größe	(2 Word)
+ 14(h)	Modifikations-Datum	(1 Word)
+ 16(h)	Modifikations-Zeit	(1 Word)
+ 18(h)	Reserviert	(8 Byte)
+ 20(h)	Aktuelle Datensatz-Nummer Reserviert	(1 Byte)
+ 21(h)	Datensatznummer für Wahlfreien Zugriff	(2 Word)

RAM — aufsteigende Speicheradressen

Abbildung: Aufbau eines FCB

Vor der ersten Übergabe des FCB an die OPEN-Funktion muß der Name der anzusprechenden Datei in die ersten drei Felder eingetragen werden. Das erste Feld nimmt dabei die Laufwerkskennzeichnung des Geräts auf, auf dem sich die Datei befindet. 0 steht dabei für das aktuelle Gerät, 1 für das Laufwerk A, 2 für B usw. In die folgenden beiden Felder muß der Dateiname und die Dateierweiterung eingetragen werden, wobei die Felder jeweils durch Leerzeichen auf die vorgegebene Länge aufgefüllt werden müssen. Bis auf diese drei Felder und das Feld, das die Datensatzgröße aufnimmt, werden alle anderen Felder beim Öffnen der Datei durch das DOS ausgefüllt.

Das letzte Modifikationsdatum der Datei und die letzte Modifikationszeit werden dabei vom DOS folgendermaßen kodiert:

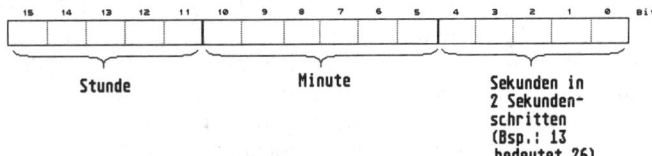

Stunde | Minute | Sekunden in 2 Sekunden-schritten (Bsp.: 13 bedeutet 26)

Abbildung: Format des Zeit-Feldes im FCB

54

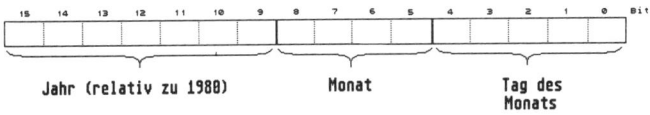

Jahr (relativ zu 1980)	Monat	Tag des Monats

Abbildung: Format des Datum-Feldes im FCB

Neben dem "normalen" FCB existiert noch ein erweiterter FCB, bei dem zusätzlich das Attribut der angesprochenen Datei angegeben und so auch auf Unterverzeichnisse und Volume-Namen zugegriffen werden kann. Er ist gegenüber dem normalen FCB um 7 Bytes erweitert, die der Struktur vorausgehen und ihn dadurch von einem normalen FCB unterscheidbar machen.

Ansonsten entspricht er aber einem normalen FCB. Alle FCB-Funktionen können wahlweise mit einem normalen oder mit einem erweiterten FCB aufgerufen werden.

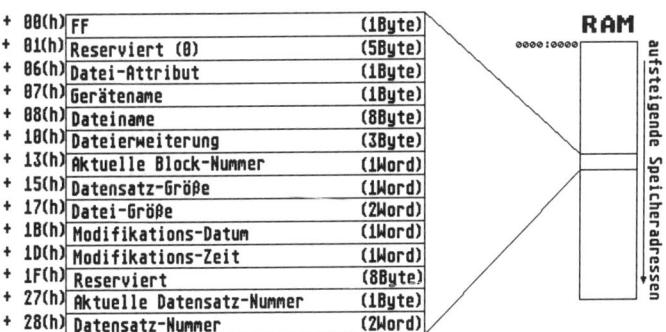

Offset	Feld	Größe
+ 00(h)	FF	(1Byte)
+ 01(h)	Reserviert (0)	(5Byte)
+ 06(h)	Datei-Attribut	(1Byte)
+ 07(h)	Gerätename	(1Byte)
+ 08(h)	Dateiname	(8Byte)
+ 10(h)	Dateierweiterung	(3Byte)
+ 13(h)	Aktuelle Block-Nummer	(1Word)
+ 15(h)	Datensatz-Größe	(1Word)
+ 17(h)	Datei-Größe	(2Word)
+ 1B(h)	Modifikations-Datum	(1Word)
+ 1D(h)	Modifikations-Zeit	(1Word)
+ 1F(h)	Reserviert	(8Byte)
+ 27(h)	Aktuelle Datensatz-Nummer	(1Byte)
+ 28(h)	Datensatz-Nummer	(2Word)

Abbildung: Aufbau eines erweiterten FCB

Neben dem Geräte- und Dateinamen muß bei diesem FCB vor dem Aufruf der OPEN-Funktion auch das Datei-Attribut in den FCB eingetragen werden.

7.5 Datei-Attribut

Im Directory-Eintrag einer Datei wird das Datei-Attribut gespeichert, das auch innerhalb eines erweiterten FCB abgelegt und in Verbindung mit verschiedenen Handle-Funktionen genutzt wird. Wie der folgenden Abbildung zu entnehmen ist, definieren die einzelnen Bits dieses Feldes ein bestimmtes Attribut. Die verschiedenen Attribute können kombiniert werden, so daß eine Datei (wie im Falle der Datei IBMBIOS.COM) z.B. die Attribute NUR_LESEN, SYSTEM und VERSTECKT aufweisen kann. Jedoch ist eine Kombination der Bits 2, 3 und 4 nicht möglich, da eine Datei selbstverständlich nicht gleichzeitig ein Unterverzeichnis und ein Volume-Name sein kann.

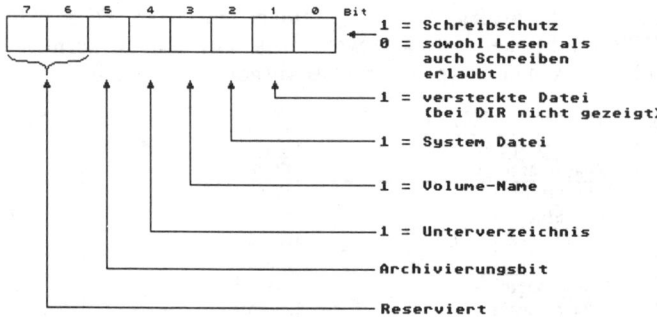

Abbildung: Aufbau des Attribut-Felds im Directory

Das Archivierungs-Bit ist in Verbindung mit der Sicherung von Dateien von Bedeutung, da es bei jeder Modifikation der Datei vom DOS automatisch auf 1 gesetzt wird. Backup-Programme setzen es nach der Sicherung der Datei auf 0 und erkennen dadurch bei einer erneuten Sicherung, ob die Datei in der Zwischenzeit modifiziert worden ist, also erneut gesichert werden muß.

7.6 Massenspeicher

DOS verwaltet Massenspeicher (Disketten- und Festplattenlaufwerke, Streamer etc.) als sogenannte Volumes, die eine einheitliche Struktur aufweisen. Jedes Volume wird dabei über einen Buchstaben angesprochen (wie z.B. "C" für die Festplatte) und verfügt über einen Boot-Sektor, eine File Allocation Table (FAT) und ein Hauptverzeichnis. Dieses Hauptverzeichnis kann neben Dateien mehrere Unterverzeichnisse beinhalten, die wiederum Unterverzeichnisse aufnehmen können. Daraus entwickelt sich der bekannte Verzeichnisbaum. Im Gegensatz zu den Unterverzeichnissen kann nur das Hauptverzeichnis einen speziellen Eintrag, den Volume-Namen aufnehmen, der beim Formatieren des Volume angegeben werden kann. Volumes werden grundsätzlich in Sektoren unterteilt, die eine Länge von 128, 256, 512 (Standard) oder 1024 Bytes aufweisen können und von 0 an fortlaufend numeriert werden. Wie die folgende Abbildung zeigt, beginnt der Boot-Sektor immer mit dem Sektor 0. Er enthält die Boot-Strap-Routine zum Starten des Systems sowie einen Datenblock, der die charakteristischen Parameter des Volume widerspiegelt. Die Startsektoren der weiteren Komponenten sind hingegen von Volume zu Volume verschieden und hängen von der Anzahl der Einträge im Hauptverzeichnis, der Länge der Boot-Strap-Routine und anderen Faktoren ab.

aufsteigende Sektornummer		
	0	Herstellername, Gerätebeschreiber, Boot-Routine
		erste File Allocation Table (FAT)
		eine oder mehrere Kopien der FAT
		Hauptverzeichnis mit Volume-Namen
		Datenbereich für Dateien und Unterverzeichnisse

Abbildung: Aufbau eines Volumes

7.7   Boot-Sektor

Jedes Volume, also Festplattenlaufwerke und Disketten, werden unter DOS durch einen Boot-Sektor eingeleitet, der mit dem ersten Sektor des Speichermediums beginnt. Seinen Namen verdankt er dem Umstand, daß über ihn das DOS gebootet werden kann, weil das BIOS nach dem Start des Systems den logischen Sektor 0 der Diskette im Diskettenlaufwerk oder der Festplatte in den Speicher lädt und mit seiner Ausführung an der Adresse 0 beginnt.

Aus diesem Grund enthält der Boot-Sektor an dieser Stelle immer einen (Maschinensprache-) JUMP-Befehl, nach dessen Ausführung die Programmausführung an einer Stelle weiter hinten im Boot-Sektor fortgeführt wird. An dieses Feld schließen sich der Herstellername und die Versionsnummer an. Die folgenden Felder tragen den Namen BIOS-Parameter-Block, weil sie wichtige Informationen über den Aufbau des Volume liefern. Diese Angaben dienen vor allem zur Berechnung des ersten Sektors der File-Allocation-Table des Hauptverzeichnisses und des Datenbereichs.

Auf drei weitere Felder, die dem zuständigen Gerätetreiber Informationen über den physikalischen Aufbau des Geräts liefern, folgt die Boot-Routine.

An den Boot-Sektor können sich noch mehrere reservierte Sektoren anschließen, die z.B. weiteren Code des Boot-Strap-Programms enthalten können. Die Anzahl dieser Sektoren ist im Boot-Sektor an der Adresse 0Eh verzeichnet. Die Angabe in diesem Feld schließt immer den Boot-Sektor mit ein, so daß eine 1 anzeigt, daß auf den Boot-Sektor (wie bei den meisten Volumes) keine weiteren reservierten Sektoren mehr folgen.

Adresse	Beschreibung		Größe	
00(h)	Sprung-Befehl zur Boot-Routine	(E9xxxx oder EBxx90)	3 Byte	
03(h)	Hersteller Name und Versionsnummer		8 Byte	
0B(h)	Bytes pro Sektor		1 Word	
0D(h)	Sektoren pro Cluster		1 Byte	
0E(h)	Anzahl der reservierten Sektoren		1 Word	
10(h)	Anzahl der FAT's		1 Byte	BPB
11(h)	Anzahl der Einträge im Hauptverzeichnis		1 Word	
13(h)	Anzahl der Sektoren im Volume		1 Word	
15(h)	Media Descriptor		1 Byte	
16(h)	Anzahl der Sektoren pro FAT		1 Word	
18(h)	Sektoren pro Spur		1 Word	
1A(h)	Anzahl der Lese-/Schreibköpfe			
1C(h)	Anzahl der versteckten Sektoren			
1E(h)-1FF(h)	**Boot-Routine**			

Abbildung: Aufbau des Boot-Sektors

7.8 Media-Descriptor/Diskettenformate

Bei dem Media-Descriptor handelt es sich um ein Byte, das einen Massenspeicher gegenüber dem DOS identifiziert. Dem PC-DOS sind dabei folgende Codes bekannt:

Code	Gerät
F8h	Festplatte
F9h	5¼-Zoll-Diskettenlaufwerk (nur AT) 2 Seiten, 80 Spuren, 15 Sektoren
FCh	5¼-Zoll-Diskettenlaufwerk 1 Seite, 40 Spuren, 9 Sektoren
FDh	5¼-Zoll-Diskettenlaufwerk 2 Seiten, 40 Spuren, 9 Sektoren
FEh	5¼-Zoll-Diskettenlaufwerk 1 Seite, 40 Spuren, 8 Sektoren
FFh	5¼-Zoll-Diskettenlaufwerk 2 Seiten, 40 Spuren, 8 Sektoren

Während der Code F8h das Gerät ganz allgemein als Festplattenlaufwerk kennzeichnet, werden die verschiedenen Diskettenformate ganz genau spezifiziert. Die folgende Abbildung zeigt die charakteristischen Eckdaten der verschiedenen Diskettenformate im 5¼-Zoll-Bereich auf.

Eingeführt mit DOS-Version	1.00	1.10	2.00	2.00	3.00
Media Descriptor	FE	FF	FC	FD	F9
Anzahl Lese-/Schreibköpfe	1	2	1	2	2
Anzahl Spuren pro Kopf	40	40	40	40	80
Anzahl Sektoren pro Spur	8	8	9	9	15
Anzahl Bytes pro Sektor	512	512	512	512	512
Anzahl Sektoren pro Cluster	1	2	1	2	1
Anzahl reservierten Sektoren	1	1	1	1	1
Anzahl Sektoren pro FAT	1	1	2	2	7
Anzahl FAT's	2	2	2	2	2
Anzahl Sektoren für Hauptverzeichnis	4	7	4	7	14
Anzahl Einträge im Hauptverzeichnis	64	112	64	112	224
Gesamtanzahl Sektoren	320	640	360	720	2400
Freie Sektoren für Daten	313	630	351	708	2371
Anzahl Cluster	313	315	351	354	2371
Gesamtkapazität	160 kb	320 kb	180 kb	360kb	1,2 Mb
Gesamtkapazität für Dateien	156,5 kb	315 kb	175,5 kb	354kb	1,185 Mb

Abbildung: Die DOS 5¼" Diskettenformate

7.9 File-Allocation-Table (FAT)

Jedes DOS-Volume verfügt über eine File-Allocation-Table, die anzeigt, welche Cluster eines Volume noch frei oder bereits belegt sind. Darüber hinaus verkettet die FAT die verschiedenen Cluster einer Datei miteinander, indem jeder Eintrag in der FAT auf den nächsten Cluster der Datei und damit auf den nächsten FAT-Eintrag zeigt, denn die Nummer eines FAT-Eintrags korrespondiert jeweils mit einem bestimmten Cluster. Der erste Cluster und damit der erste FAT-Eintrag einer Datei kann dem zugehörigen Directory-Eintrag entnommen werden.

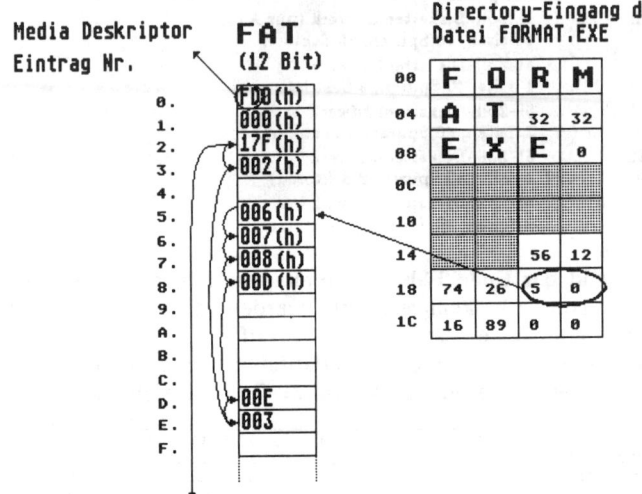

Abbildung: Zuordnung zwischen dem FAT-Eintrag und den Clustern einer Datei

Um die Cluster-Nummer in eine logische Sektornummer umzurechnen, muß von der Cluster-Nummer zunächst der Wert 2 abgezogen und das Ergebnis dann mit der Anzahl der Sektoren pro Cluster multipliziert werden. Addiert man darauf die Nummer des ersten Sektors im Datenbereich des Volume, so erhält man die zugehörige logische Sektornummer. Die Anzahl der Cluster und die logische Sektornummer des ersten Sektors im Datenbereich kann dem Bios-Parameter-Block im Boot-Sektor entnommen werden.

Beim Zugriff auf die FAT muß beachtet werden, daß die einzelnen Einträge unter der Vers. 1 und 2 grundsätzlich 12 Bit breit sind, unter der Vers. 3 bei besonders großen Volumes aber auch eine Länge von 16 Bit aufweisen können. Dies ist immer dann der Fall, wenn das Volume über mehr als 4066 Cluster verfügt und die einzelnen Cluster-Nummern dadurch nicht mehr mit 12 Bit dargestellt werden können. Die ersten beiden Einträge der FAT spiegeln grundsätzlich keine Cluster-Nummern wider, sondern enthalten im ersten Byte den sogenanten Media-Descriptor, der den Massenspeicher, auf dem sich das Volume befindet, gegenüber dem DOS identifiziert.

Aus dem Inhalt eines FAT-Eintrags kann die Information gewonnen werden, ob der Cluster frei, defekt oder reserviert ist, oder mit einem Folge-Cluster verbunden ist, oder den letzten Cluster einer Datei darstellt. Den verschiedenen Möglichkeiten entsprechen die folgenden Codes:

Code	Bedeutung
(0)000h	Cluster ist frei
(F)FF0h - (F)FF6h	reservierter Cluster
(F)FF7h	Cluster kaputt, wird nicht benutzt
(F)FF8h - (F)FFFh	letzter Cluster einer Datei
(x)xxxh	nächster Cluster einer Datei

Anmerkung: Die in Klammern dargestellte erste Hexadezimal-Ziffer bezieht sich auf eine FAT, deren Einträge 16 Bit groß sind.

7.10 Directorys

Unter DOS bestehen die Directories aus 32 Byte großen Datensätzen, die jeweils eine Datei, ein Unterverzeichnis oder einen Volume-Namen beschreiben.

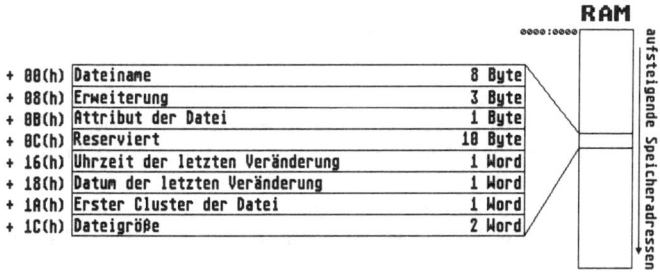

+ 00(h)	Dateiname	8 Byte
+ 08(h)	Erweiterung	3 Byte
+ 0B(h)	Attribut der Datei	1 Byte
+ 0C(h)	Reserviert	10 Byte
+ 16(h)	Uhrzeit der letzten Veränderung	1 Word
+ 18(h)	Datum der letzten Veränderung	1 Word
+ 1A(h)	Erster Cluster der Datei	1 Word
+ 1C(h)	Dateigröße	2 Word

Abbildung: Aufbau eines Directory-Eintrags

Dem ersten Byte jedes Eintrags kommt dabei eine besondere Bedeutung zu, entscheidet es doch darüber, ob es sich
bei dem Eintrag um einen gültigen Eintrag handelt, die zugehörige Datei gelöscht wurde, der Eintrag also frei ist,
oder ob der Eintrag den letzten Eintrag des Directories
darstellt. Folgende Codes können daher auftreten:

Code	Bedeutung
00h	letzter Eintrag im Verzeichnis
05h	das erste Zeichen des File-Namens hat den ASCII-Code E5h
2Eh	Datei bezieht sich auf das aktuelle Verzeichnis. Folgt im zweiten Byte ebenfalls ein 2Eh, bezieht es sich auf das Vater-Verzeichnis.
E5h	Datei wurde gelöscht
xxh	gültiger Datei-Eintrag

Das Datum und die Uhrzeit, zu der die letzte Veränderung
der Datei stattfand, werden in einem besonderen Format
abgespeichert, wie es die folgende Abbildung zeigt:

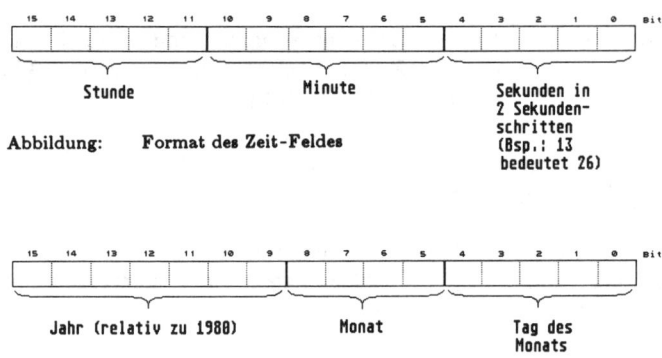

Abbildung: Format des Zeit-Feldes

Abbildung: Format des Datum-Feldes

Der erste Cluster der Datei, der im Directory-Eintrag an
der Offsetadresse 1Ah zu finden ist, zeigt auf den FAT-
Eintrag, über den die Folge-Cluster der Datei erreicht werden können. Beschreibt der Directory-Eintrag ein Unterverzeichnis, so kommt ihm eine besondere Bedeutung zu,
da er auf den FAT-Eintrag (und damit auf den Cluster)
zeigt, mit dem das Verzeichnis beginnt. Während das
Hauptverzeichnis sich in aufeinanderfolgenden Clustern
befindet, deren Anfangsadresse über den BIOS-Parameter-

Block im Boot-Sektor des Volumes ermittelt werden kann, gilt dies für Unterverzeichnisse nicht. Die einzelnen Cluster eines Unterverzeichnisses folgen nur in den seltensten Fällen direkt aufeinander und werden deshalb genau wie Dateien über die FAT miteinander verkettet.

7.11 Alte Funktionen – Neue Funktionen

Für den Anwender nicht sichtbar, hat sich im Innern des DOS seit der Vers. 1.0 ein stetiger Wandel vollzogen. Dies betrifft vor allem die DOS-Funktionen, die vom Betriebssystemkern selbst, aber auch von Anwendungs- und Systemprogrammen aufgerufen werden können. Hier haben neue und leistungsfähigere Funktionen ältere Funktionen ersetzt, die jedoch weiterhin zur Verfügung stehen, um die Kompatibilität mit älteren Programmen zu wahren. Die folgende Auflistung zeigt deshalb die DOS-Funktionen auf, die bis zur Vers. 3.3 durch neue Funktionen ersetzt wurden. Sie sollten bei der Erstellung neuer Programme nicht mehr berücksichtigt werden, da sie vielleicht nicht mehr Bestandteil zukünftiger DOS-Versionen sein werden.

Alt		Neu	
00h	Programm beenden	4Ch	Prozeß beenden
0Fh	Datei öffnen	3Dh	Handle öffnen
10h	Datei schließen	3Eh	Handle schließen
11h	Suche ersten Eintrag	4Eh	Suche ersten Eintrag
12h	Suche nächsten Eintrag	4Fh	Suche nächsten Eintrag
13h	Lösche Datei	41h	Lösche Directory-Eintrag
14h	sequentielles Lesen	3Fh	Lesen (über Handle)
15h	sequentielles Schreiben	40h	Schreiben (über Handle)
16h	erstelle Datei	3Ch	Erstelle Handle oder
		5Ah	Erstelle temporäre Datei oder
		5Bh	Erstelle neue Datei
17h	Datei umbenennen	56h	Directory-Eintrag umbenennen
21h	wahlfreies Lesen	3Fh	Lesen (über Handle)
22h	wahlfreies Schreiben	40h	Schreiben (über Handle)
23h	Dateigröße erfragen	42h	Bewege File-Pointer
24h	setze Datensatz-Nummer	42h	Bewege File-Pointer
26h	Erstelle neuen PSP	4Bh	Laden und Ausführen von Dateien
27h	wahlfreies Lesen	3Fh	Lesen (über Handle)
28h	wahlfreies Schreiben	40h	Schreiben (über Handle)

8. Interrupts

Hardware-Interrupts

Von der CPU aufgerufen wird dieser Interrupt immer dann, wenn sie auf einen der beiden Maschinensprache-Divisionsbefehle DIV oder IDIV trifft und der Divisor 0 ist. Da die Division einer Zahl durch 0 mathematisch nicht definiert ist, darf diese Division nicht einfach das Resultat 0 liefern. Statt dessen wird deshalb der Interrupt 0 aufgerufen, der beim Systemstart auf eine Routinte gelegt wird, die eine Meldung (wie z.B. "Teilerüberlauf") auf dem Bildschirm ausgibt und dann mit Hilfe des IRET-Befehls in das unterbrochene Programm zurückkehrt.

Dieser Interrupt wird von der CPU nur dann aufgerufen, wenn das TRAP-Bit im Flag-Register der CPU auf 1 gesetzt ist. Dann allerdings wird er nach jeder Ausführung eines Maschinensprache-Befehls aufgerufen. Der Sinn dieses Mechanismus liegt darin, auf diese Art und Weise jeden Befehl eines Maschinensprache-Programms verfolgen zu können, um so zu sehen, wie sich die Inhalte der Register ändern bzw. welche Befehle überhaupt ausgeführt werden. Auf dieser Technik beruht z.B. der Trace-Befehl des DOS-eigenen Debuggers DEBUG. Vor Aufruf der TRAP-Routine setzt der Prozessor das TRAP-Flag wieder zurück, damit nicht auch nach der Ausführung jedes einzelnen Befehls der TRAP-Routine ein Interrupt ausgelöst wird (Dies hätte eine unendliche Rekursion und damit unvermeidlich einen Systemabsturz zur Folge.). Wird die Trap-Routine durch den IRET-Befehl beendet, setzt er das TRAP-Bit automatisch wieder auf seinen alten Wert, indem er das gesamte Flag-Register wieder vom Stack holt. Dadurch wird nach der Ausführung des nächsten Befehls im zu verfolgenden Programm wieder ein Interrupt 1 aufgerufen.

Interrupt 02h   Hardware (CPU)
NMI

Dieser Interrupt wird von der Hardware immer dann aufgerufen, wenn ein Fehler in den Speicher- (RAM-) Bausteinen entdeckt worden ist. Da ein solcher Fehler die Arbeitsweise des Systems stark beeinträchtigt und sogar zum Rechnerabsturz führen kann, wird in diesem Fall der "nicht maskierbare Interrupt" aufgerufen. Damit das System sofort auf einen derartigen Fehler reagieren kann, hat er von allen Interrupt-Anforderungen im System die höchste Priorität - wird also vor allen anderen noch anstehenden Interrupt-Anforderungen ausgeführt. Meist zeigt der zugehörige Interrupt-Vektor auf eine BIOS-Routine, die dem Anwender das Auftreten eines Speicherfehlers und die Nummer des defekten Speicherbausteins mitteilt und danach das System anhält.

Ein weiterer Auslöser des NMI-Interrupts kann auch der in manchen PCs vorhandene mathematische Coprozessor sein, wenn dieser eine Fehlfunktion entdeckt. Obwohl der NMI seinen Namen deshalb trägt, weil er im Gegensatz zu allen anderen Hardware-Interrupts nicht unterdrückbar ist, stimmt dies für den PC nicht. Beim PC/XT auf der einen und dem AT auf der anderen Seite gibt es jeweils einen Port, dessen Bit 7 bestimmt, ob der NMI-Interrupt ausgeführt oder unterdrückt wird. Beim PC und XT ist dies der Port A0h, beim AT der Port 70h. Schreibt man in den jeweiligen Port den Wert 0, wird der NMI-Interrupt unterdrückt, sprich: nicht ausgeführt. Wird hingegen der Wert 80h auf diesen Port ausgegeben, wird der NMI-Interrupt zugelassen.

Im Gegensatz zu allen Interrupts kann der Interrupt 3 mit einem speziellen Maschinensprache-Befehl aufgerufen werden, in dem nicht die Nummer des aufzurufenden Interrupts kodiert wird und der deshalb nur ein Byte lang ist. Dadurch eignet sich dieser Interrupt besonders gut für das Austesten von Programmen, wenn es interessant sein kann, ein Programm bis zu einer bestimmten Stelle ausführen zu lassen, um es dann zu unterbrechen und die aktuellen Registerinhalte anzuzeigen. Innerhalb eines Testprogramms (z.B. das DOS-Programm DEBUG) wird das dadurch realisiert, daß an die Stelle im Programm, an der es unterbrochen werden soll, der Aufruf des Interrupts 3 plaziert wird. Da dieser Interrupt zuvor auf eine spezielle Routine innerhalb des DEBUG-Programms "verbogen" wurde, wird diese Routine aufgerufen, sobald sie auf den Befehl zum Aufruf des Interrupt 3 trifft.

Dieser Interrupt kann durch einen bestimmten, an eine Kondition gebundenen Befehl aufgerufen werden. Es handelt sich dabei um den INTO- (Interrupt on Overflow) Maschinensprache-Befehl, der nur dann den Aufruf des Interrupts 4 zur Folge hat, wenn bei seiner Ausführung das Overflow- (Überlauf-) Bit im Flag-Register gesetzt ist. Dies kann nach arithmetischen Operationen (z.B. der Multiplikation mit Hilfe des MUL-Befehls) der Fall sein, falls sich das Ergebnis dieser Operation nicht mehr mit Hilfe einer bestimmten Anzahl von Bits darstellen läßt. Natürlich kann dieser Interrupt auch mit Hilfe des normalen INT-Befehls aufgerufen werden, doch ist dieser nicht an die Kondition des gesetzten Overflow-Bits gebunden. Da dieser Interrupt kaum genutzt wird, legt ihn DOS auf einen IRET-Befehl, so daß sein Aufruf für ein Programm keine spürbaren Konsequenzen mit sich bringt.

Der Interrupt 5 wird vom BIOS immer dann aufgerufen, wenn die Taste "PrtScr" (bei einer amerikanischen Tastatur) oder "Druck" (bei einer deutschen Tastatur) betätigt wird. Seine Aufgabe ist es, eine Abbildung des aktuellen Bildschirms, eine sogenannte Hardcopy, an den Drucker zu senden. Aus diesem Grund wird der Vektor dieses Interrupts in der Vektortabelle auch vom BIOS initialisiert und auf die BIOS-Hardcopy-Routine im ROM-BIOS gelegt. Natürlich können auch Assembler-Programme oder Programme, die in einer Hochsprache formuliert sind, diesen Interrupt durch Aufruf des INT-Befehls nutzen, um während ihrer Ausführung eine Hardcopy an den Drucker zu senden.

Interrupt 08h   **Hardware (Interrupt-Controller)**
Zeitgeber

Der Timer-Chip im PC (ein 8253) erhält pro Sekunde 1.193.180 Signale vom Herzen des Systems, einem oszillierenden Quarz. Nach jeweils 65536 dieser Signale, also ca. 18,2mal in der Sekunde, erzeugt er daraufhin einen Aufruf des Interrupts 8, der durch den 8259 an die CPU weitergeleitet wird. Da die Häufigkeit des Aufrufs dieses Interrupts unabhängig von der Taktfrequenz des Systems konstant 18,2 Aufrufe pro Sekunde beträgt, eignet er sich besonders gut zur Zeitmessung. Das BIOS legt den Interrupt-Vektor dieses Interrupts auf eine eigene Routine, die der Zeitmessung dient, deneben aber auch den Disketten-Motor abschaltet, falls nach einer bestimmten Zeit kein Diskettenzugriff erfolgt ist.

In der Tastatur befindet sich ein Intel-Prozessor mit der
Bezeichnung 8048 (bzw. ein 8042 beim AT). Er überwacht
die Tastatur und registriert, ob eine Taste gedrückt oder
losgelassen wird. Damit das System darauf entsprechend
reagieren kann, ruft er in diesem Fall über den Interrupt-
Controller den Interrupt 9 auf. Hinter ihm verbirgt sich
eine BIOS-Routine, die das Zeichen von der Tastatur aus-
liest und es in den Tastaturpuffer aufnimmt.

BIOS-Interrupts

Durch Aufruf dieser Funktion wird ein Videomodus ausgewählt und initialisiert. Dabei wird der gesamte Bildschirm gelöscht, wodurch es mit Hilfe dieser Funktion
möglich ist, den aktuellen Videomodus beizubehalten, aber
auf ganz einfache Art den Bildschirm zu löschen.

Eingabe: AH = 00h
              AL = Videomodus
                   0: 40*25 Zeichen Text, schwarzweiß   (Color-Karte)
                   1: 40*25 Zeichen Text, farbig   (Color-Karte)
                   2: 80*25 Zeichen Text, schwarzweiß   (Mono-Karte)
                   3: 80*25 Zeichen Text, farbig   (Color-Karte)
                   4: 320*200 Punkte Grafik, 4 Farben   (Color-Karte)
                   5: 320*200 Punkte Grafik, 4 Farben   (Color-Karte)
                   (die Farben werden schwarzweiß dargestellt)
                   6: 640*200-Punkte-Grafik, 2 Farben   (Color-Karte)
                   7: interner Modus der monochr. Karte (Mono-Karte)

Ausgabe: keine Ausgabe

Bemerkungen:

▸ Die Farben für die Modi 4, 5 und 6 können mit der
  Funktion 11 eingestellt werden.

▸ Der Inhalt der Register BX, CX, DX und der Segmentregister SS, CS und DS wird durch diese Funktion nicht
  verändert. Der Inhalt aller anderen Register, vor allem
  der Register SI und DI, kann verändert worden sein.

Die Start- und Endzeile des blinkenden Bildschirm-Cursors
wird durch Aufruf dieser Funktion definiert. Sie ist unabhängig von der auf dem Bildschirm dargestellten Bildschirmseite.

Eingabe: AH = 01h
               CH = Startzeile des Cursors
               CL = Endzeile des Cursors

Ausgabe: keine Ausgabe

Bemerkungen:

▶ Die erlaubten Werte für die Start- und die Endzeile hängen von der installierten Videokarte ab. Folgende Werte sind erlaubt:

monochrome Bildschirmkarten: **0 - 13**
Color-Bildschirmkarten: **0 - 7**

▶ Vom BIOS werden folgende Werte voreingestellt:

monochrome Bildschirmkarten: **Zeile 11 bis Zeile 12**
Color-Bildschirmkarten: **Zeile 6 bis Zeile 7**

▶ Mit Hilfe dieser Funktion sollten nur die erlaubten Werte eingestellt werden. Alle anderen Werte haben unvorhersehbare Resultate (in den meisten Fällen das Verschwinden des Cursors) zur Folge.

▶ Der Inhalt der Register BX, CX, DX und der Segmentregister SS, CS und DS wird durch diese Funktion nicht verändert. Der Inhalt aller anderen Register, vor allem der Register SI und DI, kann verändert worden sein.

Interrupt 10h, Funktion 02h   **BIOS**
Bildschirm: Positionierung des Cursors

Der Cursor, der die Bildschirmposition für die Zeichenausgabe über eine der BIOS-Funktionen zur Zeichenausgabe bestimmt, wird durch Aufruf dieser Funktion versetzt.

Eingabe: AH = 02h
               BH = Nummer der Bildschirmseite
               DH = Bildschirmzeile
               DL = Bildschirmspalte

Bemerkungen:

▶ Der blinkende Bildschirmcursor wird mit Hilfe dieser Funktion nur dann versetzt, wenn die angesprochene Bildschirmseite die aktuelle Bildschirmseite ist.

▶ Die Bildschirmzeile ist ein Wert zwischen 0 und 24.

▶ Die Bildschirmspalte ist je nach Videomodus ein Wert zwischen 0 und 79 (80-Zeichen-Darstellung) oder 0 und 39 bei der 40-Zeichen-Darstellung.

▶ Eine Methode, um den blinkenden Cursor verschwinden zu lassen, besteht darin, ihn an eine nicht existierende Bildschirmposition (z.B. Spalte 0, Zeile 25) zu versetzen.

▶ Die Nummer der Bildschirmseite ist auch davon abhängig, wie viele Bildschirmseiten von der Videokarte zur Verfügung gestellt werden.

▶ Der Inhalt der Register BX, CX, DX und der Segmentregister SS, CS und DS wird durch diese Funktion nicht verändert. Der Inhalt aller anderen Register, vor allem der Register SI und DI, kann verändert worden sein.

Interrupt 10h, Funktion 03h	BIOS
Bildschirm: Auslesen der Cursorposition	

Die Position des Text-Cursors in einer Bildschirmseite und die Start- und Endzeile des blinkenden Bildschirm-Cursors wird ausgelesen.

Eingabe: AH = 03h
BH = Nummer der Bildschirmseite

Ausgabe: DH = Bildschirmzeile, in der sich der Cursor befindet
DL = Bildschirmspalte, in der sich der Cursor befindet
CH = Anfangszeile des blinkenden Bildschirm-Cursors
CL = Endzeile des blinkenden Bildschirm-Cursors

Bemerkungen:

► Die Nummer der Bildschirmseite ist auch davon abhängig, wie viele Bildschirmseiten von der Videokarte
zur Verfügung gestellt werden.

► Bildschirmzeile und -spalte beziehen sich jeweils auf
das Text-Koordinatensystem.

► Der Inhalt des BX-Registers BX und der Inhalt der
Segmentregister SS, CS und DS wird durch diese Funktion nicht verändert. Der Inhalt aller anderen Register,
vor allem der Register SI und DI, kann verändert
worden sein.

Interrupt 10h, Funktion 04h   **BIOS**
Bildschirm: Auslesen der Lichtstift-Position

Falls möglich, wird die Position des Lichtstiftes auf dem
Bildschirm ausgelesen.

Eingabe: AH = 04h

Ausgabe: AH = 0: Position des Lichtstifts im Augenblick nicht
abrufbar
              AH = 1: Position des Lichtstifts abgefragt, in diesem Fall
              DH = Bildschirmzeile des Lichtstifts (Textmodus)
              DL = Bildschirmspalte des Lichtstifts (Textmodus)
              CH = Bildschirmzeile des Lichtstifts (Grafikmodus)
              BX = Bildschirmspalte des Lichtstifts (Grafik-
modus)

Bemerkungen:

► Der Aufruf dieser Funktion muß solange wiederholt
werden, bis im AH-Register eine 1 zurückgeliefert
wird, da nur dann die Koordinaten aus den übrigen
Registern ausgelesen werden können.

► Die angegebenen Koordinaten richten sich natürlich
auch nach dem aktuellen Videomodus mit seiner hori-
zontalen und vertikalen Auflösung.

- Vor allem im Grafikmodus können die Koordinaten des Lichstifts nicht genau erfaßt werden. Die Y-Koordinate (Zeile) ist immer ein Vielfaches von 2, so daß z.B. nicht unterschieden werden kann, ob sich der Lichstift in Zeile 8 oder 9 befindet. Im 320*200-Punkte-Grafikmodus ist die X-Koordinate (Spalte) immer ein Vielfaches von 4, und im 640*200-Punkte-Modus sogar ein Vielfaches von 8.

- Der Inhalt des CL-Registers und der Inhalt der Segmentregister SS, CS und DS wird durch diese Funktion nicht verändert. Der Inhalt aller anderen Register, vor allem der Register SI und DI, kann verändert worden sein.

Interrupt 10h, Funktion 05h   **BIOS**
Bildschirm: Auswahl der aktuellen Bildschirmseite

Die aktuelle und somit auf dem Bildschirm darzustellende Bildschirmseite (nur Textmodus) wird ausgewählt

Eingabe: AH = 05h
              AL = Nummer der Bildschirmseite

Ausgabe: keine Ausgabe

Bemerkungen:

- Die Nummer der Bildschirmseite ist auch davon abhängig, wie viele Bildschirmseiten von der Videokarte zur Verfügung gestellt werden.

- Beim Umschalten auf eine neue Bildschirmseite wird der blinkende Bildschirmcursor auf die Position des Textcursors in dieser Seite gesetzt.

- Das Umschalten zwischen verschiedenen Bildschirmseiten verändert deren Inhalt (die einzelnen Zeichen) nicht.

- Eine Bildschirmseite muß nicht unbedingt aktiv sein, damit Zeichen in sie geschrieben werden können.

► Der Inhalt der Register BX, CX, DX und der Segmentregister SS, CS und DS wird durch diese Funktion nicht
verändert. Der Inhalt aller anderen Register, vor allem
der Register SI und DI, kann verändert worden sein.

Interrupt 10h, Funktion 06h   BIOS
Bildschirm: Textzeilen nach oben schieben (scrollen)

Ein Teil der aktuellen Bildschirmseite wird um eine oder
um mehrere Zeilen nach oben verschoben oder gelöscht.

Eingabe:
AH	=	06h
AL	=	Anzahl der Zeilen, um die das Fenster nach oben ver-schoben werden soll (0 bedeutet Fenster löschen)
CH	=	Bildschirmzeile der oberen linken Fensterecke
CL	=	Bildschirmspalte der oberen linken Fensterecke
DH	=	Bildschirmzeile der unteren rechten Fensterecke
DL	=	Bildschirmspalte der unteren rechten Fensterecke
BH	=	Farbe (Attribut) für die Leerzeile(n)

Ausgabe: keine Ausgabe

Bemerkungen:

► Nur die aktuelle Bildschirmseite kann mit dieser Funktion beeinflußt werden.

► Das Löschen des Bildschirmbereiches (Anzahl Zeilen =
0) kommt einem Füllen mit Leerzeichen (ASCII-Code
32) gleich.

► Der Inhalt der aus dem Fenster herausgescrollten Zeilen
ist unwiederbringlich verloren und kann nicht wieder
zurückgeholt werden.

► Um den gesamten Bildschirm zu löschen, kann man sich
besser der Funktion 0 dieses Interrupts bedienen.

► Der Inhalt der Register BX, CX, DX und der Segmentregister SS, CS und DS wird durch diese Funktion nicht
verändert. Der Inhalt aller anderen Register, vor allem
der Register SI und DI, kann verändert worden sein.

Ein Teil der aktuellen Bildschirmseite wird um eine oder um mehrere Zeilen nach unten verschoben oder gelöscht.

Eingabe: AH = 07h
            AL = Anzahl der Zeilen, um die das Fenster nach unten
                   verschoben werden soll (0 bedeutet Fenster löschen)
            CH = Bildschirmzeile der oberen linken Fensterecke
            CL = Bildschirmspalte der oberen linken Fensterecke
            DH = Bildschirmzeile der unteren rechten Fensterecke
            DL = Bildschirmspalte der unteren rechten Fensterecke
            BH = Farbe (Attribut) für die Leerzeile(n)

Ausgabe: keine Ausgabe

Bemerkungen:

▶ Nur die aktuelle Bildschirmseite kann mit dieser Funktion beeinflußt werden.

▶ Das Löschen des Bildschirmbereiches (Anzahl Zeilen = 0) kommt einem Füllen mit Leerzeichen (ASCII-Code 32) gleich.

▶ Der Inhalt der aus dem Fenster herausgescrollten Zeilen ist unwiederbringlich verloren und kann nicht wieder zurückgeholt werden.

▶ Um den gesamten Bildschirm zu löschen, kann man sich besser der Funktion 0 dieses Interrupts bedienen.

▶ Der Inhalt der Register BX, CX, DX und der Segmentregister SS, CS und DS wird durch diese Funktion nicht verändert. Der Inhalt aller anderen Register, vor allem der Register SI und DI, kann verändert worden sein.

Der ASCII-Code des Zeichens an der aktuellen Cursorposition und dessen Farbe (Attribut) wird ausgelesen.

Eingabe: AH = 08h
            BH = Nummer der Bildschirmseite

Ausgabe: AL = ASCII-Code des Zeichens
            AH = Farbe (Attribut)

Bemerkungen:

▶ Die Nummer der Bildschirmseite ist auch davon abhängig, wie viele Bildschirmseiten von der Videokarte zur Verfügung gestellt werden.

▶ Diese Funktion kann auch im Grafikmodus aufgerufen werden, wobei dann das Bitmuster des Zeichens auf dem Bildschirm mit den Bitmustern der Zeichen im Zeichen-ROM der Videokarte und den Zeichenmustern, die in einer RAM-Tabelle gespeichert sind, deren Adresse der Interrupt 1Fh enthält, verglichen werden. Kann das Zeichen dabei nicht identifiziert werden, enthält das AL-Register nach dem Funktionsaufruf den Wert 0.

▶ Der Inhalt der Register BX, CX, DX und der Segmentregister SS, CS und DS wird durch diese Funktion nicht verändert. Der Inhalt aller anderen Register, vor allem der Register SI und DI, kann verändert worden sein.

Ein Zeichen mit einer bestimmten Farbe wird an die aktuelle Cursorposition (in einer vorgegebenen Bildschirmseite) geschrieben.

Eingabe: AH = 09h
            BH = Nummer der Bildschirmseite
            CX = Anzahl, wie oft das Zeichen hintereinander geschrieben wird

AL = ASCII-Code des Zeichens
BL = Attribut

Ausgabe: keine Ausgabe

Bemerkungen:

▸ Soll das angegebene Zeichen mehrmals ausgegeben werden (in dem Fall ist der Wert des CX-Registers größer 1), müssen im Grafikmodus alle Zeichen in die aktuelle Bildschirmzeile passen.

▸ Die Steuercodes "bell", "carriage return" usw. werden nicht als solche erkannt, sondern als normale ASCII-Codes ausgegeben.

▸ Mit dieser Funktion können auch Zeichen im Grafikmodus ausgegeben werden, wobei die Zeichenmuster der Zeichen mit den Codes 0 bis 127 aus einer Tabelle im ROM und die Zeichenmuster der Zeichen 128 bis 255 aus einer RAM-Tabelle ermittelt werden, die zuvor mit dem DOS-Befehl GRAFTABL installiert werden muß.

▸ Im Textmodus definiert der Inhalt des BL-Registers das Attribut-Byte des Zeichens. Im Grafikmodus bestimmt es die Farbe des Zeichens. Dabei sind im 640*200-Punkte-Modus nur die Werte 0 und 1, im 320*200-Punkte-Modus die Werte 0 bis 3 für die verschiedenen Farben der angewählten Farbpalette möglich.

▸ Ist der Grafikmodus während der Zeichenausgabe aktiv und ist das Bit 7 des BL-Register gesetzt, so wird das Zeichenmuster mit den Grafikpunkten unter diesem Zeichen durch ein Exklusiv-Oder verknüpft.

▸ Der Cursor wird durch diese Funktion nicht auf die nächste Bildschirmposition versetzt.

▸ Der Inhalt der Register BX, CX, DX und der Segmentregister SS, CS und DS wird durch diese Funktion nicht verändert. Der Inhalt aller anderen Register, vor allem der Register SI und DI, kann verändert worden sein.

Ein Zeichen wird an die aktuelle Cursorposition in einer
vorgegebenen Bildschirmseite geschrieben, wobei die Farbe
des alten Zeichens an dieser Bildschirmposition beibehalten
wird.

Eingabe: AH = 0Ah
              BH = Nummer der Bildschirmseite
              CX = Anzahl, wie oft das Zeichen hintereinander ge-
                   schrieben wird
              AL = ASCII-Code des Zeichens

Ausgabe: keine Ausgabe

Bemerkungen:

▶ Soll das angegebene Zeichen mehrmals ausgegeben werden (in dem Fall ist der Wert des CX-Registers größer
  1), müssen im Grafikmodus alle Zeichen in die aktuelle
  Bildschirmzeile passen.

▶ Die Steuercodes "bell", "carriage return" usw. werden
  nicht als solche erkannt, sondern als normale ASCII-
  Codes ausgegeben.

▶ Mit dieser Funktion können auch Zeichen im Grafikmodus ausgegeben werden, wobei die Zeichenmuster
  der Zeichen mit den Codes 0 bis 127 aus einer Tabelle
  im ROM und die Zeichenmuster der Zeichen 128 bis
  255 aus einer Tabelle ermittelt werden, die zuvor mit
  dem DOS-Befehl GRAFTABL installiert werden muß.

▶ Ist der Grafikmodus während der Zeichenausgabe aktiv
  und ist das Bit 7 des BL-Register gesetzt, so wird das
  Zeichenmuster mit den Grafikpunkten unter diesem
  Zeichen durch ein Exklusiv-Oder verknüpft.

▶ Der Cursor wird durch diese Funktion nicht auf die
  nächste Bildschirmposition versetzt.

- Der Inhalt der Register BX, CX, DX und der Segment-register SS, CS und DS wird durch diese Funktion nicht verändert. Der Inhalt aller anderen Register, vor allem der Register SI und DI, kann verändert worden sein.

Interrupt 10h, Funktion 0Bh, Unterfunktion 0   **BIOS**
Bildschirm: Auswahl der Rahmen-/Hintergrundfarbe

Die Rahmen- und Hintergrundfarbe für den Grafik- bzw. Textmodus wird mit dieser Funktion ausgewählt.

Eingabe: AH = 0Bh
              BH = 0
              BL = Rahmen-/Hintergrundfarbe

Ausgabe: keine Ausgabe

Bemerkungen:

- Im Grafikmodus definiert der übergebene Farbwert sowohl die Farbe des Bildschirmrahmens als auch die des Bildschirmhintergrundes. Im Textmodus wird die Hintergrundfarbe jedes Zeichens einzeln definiert, so daß der übergebene Farbwert hier nun die Farbe des Bildschirmrahmens beschreibt.

- Der übergebene Farbwert kann zwischen 0 und 15 liegen und somit alle 16 möglichen Farben repräsentieren.

- Der Inhalt der Register BX, CX, DX und der Segment-register SS, CS und DS wird durch diese Funktion nicht verändert. Der Inhalt aller anderen Register, vor allem der Register SI und DI, kann verändert worden sein.

Eine der beiden Farbpaletten für den 320*200-Punkte-Grafikmodus wird ausgewählt.

Eingabe: AH = 0Bh
          BH = 1
          BL = Nummer der Farbpalette

Ausgabe: keine Ausgabe

Bemerkungen:

▸ Es werden zwei Farbpaletten zur Verfügung gestellt. Sie tragen die Nummer 0 und 1 und enthalten folgende Farben:

    Palette 0: Grün, Rot, Gelb
    Palette 1: Cyan, Magenta, Weiß

▸ Der Inhalt der Register BX, CX, DX und der Segmentregister SS, CS und DS wird durch diese Funktion nicht verändert. Der Inhalt aller anderen Register, vor allem der Register SI und DI, kann verändert worden sein.

Der Farbwert für einen Bildschirmpunkt im Grafikmodus wird gesetzt.

Eingabe: AH = 0Ch
          DX = Bildschirmzeile
          CX = Bildschirmspalte
          AL = Farbwert

Ausgabe:keine Ausgabe

Bemerkungen:

▸ Der Farbwert richtet sich nach dem aktuellen Grafikmodus.

▸ Im 640*200-Punkte-Modus sind nur die Werte 0 und 1 erlaubt.

► Im 320*200-Punkte-Modus sind die Werte 0 bis 3 erlaubt, die je nach der angewählten Farb-Palette eine bestimmte Farbe erzeugen. 0 steht dabei für die angewählte Hintergrundfarbe, 1 für die erste Farbe der angewählten Farbpalette, 2 für die zweite Farbe der Farbpalette usw.

► Der Inhalt der Register BX, CX, DX und der Segmentregister SS, CS und DS wird durch diese Funktion nicht verändert. Der Inhalt aller anderen Register, vor allem der Register SI und DI, kann verändert worden sein.

| Interrupt 10h, Funktion 0Dh | BIOS |
| Bildschirm: Lese Grafikpunkt | |

Der Farbwert eines Bildschirmpunktes im Grafikmodus wird ausgelesen.

Eingabe: AH = 0Dh
DX = Bildschirmzeile
CX = Bildschirmspalte

Ausgabe: AL = Farbwert

Bemerkungen:

► Der Farbwert richtet sich nach dem aktuellen Grafikmodus.

► Im 640*200-Punkte-Modus sind nur die Werte 0 und 1 erlaubt.

► Im 320*200-Punkte-Modus sind die Werte 0 bis 3 erlaubt, die je nach der angewählten Farbpalette eine bestimmte Farbe erzeugen. 0 steht dabei für die angewählte Hintergrundfarbe, 1 für die erste Farbe der angewählten Farbpalette, 2 für die zweite Farbe der Farbpalette usw.

► Der Inhalt der Register BX, CX, DX und der Segmentregister SS, CS und DS wird durch diese Funktion nicht verändert. Der Inhalt aller anderen Register, vor allem der Register SI und DI, kann verändert worden sein.

Ein Zeichen wird an die aktuelle Cursorposition in der
aktuellen Bildschirmseite geschrieben, wobei die Farbe des
alten Zeichens an dieser Bildschirmposition beibehalten
wird.

Eingabe: AH = 0Eh
             AL = ASCII-Code des Zeichens
             BL = Vodergrundfarbe des Zeichens (nur im Grafikmodus)

Ausgabe: keine Ausgabe

Bemerkungen:

▶ Diese Funktion interpretiert die verschiedenen Steuercodes wie "bell" und "carriage return" nicht wie normale ASCII-Codes, sondern wie besondere Steuercodes
  und löst einen Piepston aus, anstatt z.b. das "bell"-
  Zeichen auszugeben.

▶ Nach der Ausgabe eines Zeichens über diese Funktion
  wird die Cursorposition inkrementiert, so daß das
  nächste Zeichen an der folgenden Bildschirmposition
  ausgegeben wird. Wird die letzte Bildschirmposition erreicht, wird der Bildschirm um eine Zeile nach oben
  geschoben und mit der Ausgabe in der ersten Spalte der
  letzten Bildschirmzeile fortgefahren.

▶ Die Vordergrund-Farbe richtet sich nach dem aktuellen
  Grafikmodus.

▶ Im 640*200-Punkte-Modus sind nur die Werte 0 und 1
  erlaubt.

▶ Im 320*200-Punkte-Modus sind die Werte 0 bis 3 erlaubt, die je nach der angewählten Farbpalette eine bestimmte Farbe erzeugen. 0 steht dabei für die angewählte Hintergrundfarbe, 1 für die erste Farbe der angewählten Farbpalette, 2 für die zweite Farbe der Farbpalette usw.

- Der Inhalt der Register BX, CX, DX und der Segmentregister SS, CS und DS wird durch diese Funktion nicht verändert. Der Inhalt aller anderen Register, vor allem der Register SI und DI, kann verändert worden sein.

Interrupt 10h, Funktion 0Fh   **BIOS**
Bildschirm: Auslesen des Videomodus

Die Nummer des aktuellen Videomodus, die Anzahl der Zeichen pro Zeile und die Nummer der aktuellen Bildschirmseite wird ausgelesen.

Eingabe: AH = 0Fh

Ausgabe: AL = Videomodus
              0: 40*25 Zeichen Text, schwarzweiß (Color-Karte)
              1: 40*25 Zeichen Text, farbig (Color-Karte)
              2: 80*25 Zeichen Text, schwarzweiß (Mono-Karte)
              3: 80*25 Zeichen Text, farbig (Color-Karte)
              4: 320*200-Punkte-Grafik, 4 Farben (Color-Karte)
              5: 320*200-Punkte-Grafik, 4 Farben (Color-Karte)
                 (die Farben werden schwarzweiß dargestellt)
              6: 640*200-Punkte-Grafik, 2 Farben (Color-Karte)
              7: interner Modus der monochr. Karte (Mono-Karte)
          AH = Anzahl der Zeichen pro Zeile
          BH = Nummer der aktuellen Bildschirmseite

Bemerkungen:
- Der Inhalt der Register BL, CX, DX und der Segmentregister SS, CS und DS wird durch diese Funktion nicht verändert. Der Inhalt aller anderen Register, vor allem der Register SI und DI, kann verändert worden sein.

Interrupt 10h, Funktion 13h   **BIOS (nur AT)**
Bildschirm: Ausgabe einer Zeichenkette

Eine Zeichenkette wird ab einer vorgegebenen Bildschirmposition in einer bestimmten Bildschirmseite auf dem Bildschirm ausgegeben. Die Zeichen werden dabei einem Puffer entnommen, dessen Adresse der Funktion übergeben wird.

Eingabe: AH = 13h
AL = Ausgabe-Modus (0 - 3)
0: Attribut in BL, Cursorposition beibehalten
1: Attribut in BL, Cursorposition aktualisieren
2: Attribut im Puffer, Cursorposition beibehalten
3: Attribut im Puffer, Cursorposition aktualisieren
BL = Attribut-Byte der Zeichen (nur Modi 0 und 1)
CX = Anzahl der auszugebenden Zeichen
DH = Bildschirmzeile
DL = Bildschirmspalte
BH = Bildschirmseite
ES = Segmentadresse des Puffers
BP = Offsetadresse des Puffers

Ausgabe: keine Ausgabe

Bemerkungen:

► In den Modi 1 und 3 wird die Cursorposition nach Ausgabe der Zeichenkette hinter das letzte Zeichen der Zeichenkette gesetzt, so daß bei nachfolgenden Aufrufen einer BIOS-Funktion zur Zeichenausgabe die Zeichen hinter der Zeichenkette ausgegeben werden. Dies geschieht in den Modi 0 und 2 nicht.

► In den Modi 0 und 1 enthält der Puffer nur die ASCII-Codes der auszugebenden Zeichen. Die Farbe aller Zeichen der Zeichenkette wird in diesem Fall durch das BL-Register angegeben. In den Modi 2 und 3 hingegen folgt auf jedes Zeichen im Puffer das dazugehörige Attribut-Byte, so daß jedes Zeichen über ein individuelles Attribut verfügt. Das BL-Register braucht in diesen Modi nicht belegt zu werden. Obwohl in diesen Modi die Zeichenkette doppelt so groß wie die Anzahl der auszugebenden Zeichen ist, braucht im CX-Register nicht die Länge der Zeichenkette, sondern nur die Anzahl der auszugebenden ASCII-Zeichen abgespeichert zu werden.

► Die speziellen Steuercodes wie "bell" und "carriage return" werden als Steuercodes und nicht als normale ASCII-Codes interpretiert.

► Wird die letzte Bildschirmposition erreicht, wird der Bildschirm um eine Zeile nach oben geschoben und mit der Ausgabe in der ersten Spalte der letzten Bildschirmzeile fortgefahren.

▶ Der Inhalt der Register BX, CX, DX und der Segmentregister SS, CS und DS wird durch diese Funktion nicht
verändert. Der Inhalt aller anderen Register, vor allem
der Register SI und DI, kann verändert worden sein.

Interrupt 11h	BIOS
Feststellung der Konfiguration	

Die Konfiguration des Systems, die während des Boot-Vorgangs erfaßt wird, wird abgefragt.

Eingabe: keine Eingabe

Ausgabe: AX = die Konfiguration
für PC und XT gilt:

Bit 0:	ist gleich 1, wenn das System über ein oder mehrere Diskettenlaufwerke verfügt
Bit 1:	wird nicht benutzt
Bit 2 und 3:	RAM-Speicher auf der Hauptplatine
	00 = 16 KByte
	01 = 32 KByte
	10 = 48 KByte
	11 = 64 KByte
Bit 4 und 5:	Videomodus beim Hochfahren des Systems
	00: wird nicht benutzt
	01: 40*25 Zeichen mit einer Color-Karte
	02: 80*25 Zeichen mit einer Color-Karte
	03: 80*25 Zeichen mit einer Mono-Karte
Bit 6 und 7:	geben die Anzahl der Diskettenlaufwerke im System an, wenn Bit 0 gleich 1 ist
	00 = 1 Diskettenlaufwerk
	01 = 2 Diskettenlaufwerke
	10 = 3 Diskettenlaufwerke
	11 = 4 Diskettenlaufwerke
Bit 8:	ist 0, wenn ein DMA-Baustein vorhanden ist
Bit 9 bis 11:	Anzahl der angeschlossenen RS232-Karten
Bit 12:	ist gleich 1, wenn der Spieleadapter angeschlossen ist
Bit 13:	wird nicht benutzt
Bit 14 und 15:	geben die Anzahl der Drucker an

für den AT gilt:

Bit 0:	ist gleich 1, wenn das System über ein oder mehrere Diskettenlaufwerke verfügt
Bit 1:	ist immer dann 1, wenn sich ein mathematischer Coprozessor im System befindet
Bit 2 und 3:	bleiben ungenutzt
Bit 4 und 5:	Videomodus beim Hochfahren des Systems
	00: wird nicht benutzt
	01: 40*25 Zeichen mit einer Color-Karte
	02: 80*25 Zeichen mit einer Color-Karte
	03: 80*25 Zeichen mit einer Mono-Karte
Bit 6 und 7:	geben die Anzahl der Diskettenlaufwerke im System an, wenn Bit 0 gleich 1 ist
	00 = 1 Diskettenlaufwerk
	01 = 2 Diskettenlaufwerke
	10 = 3 Diskettenlaufwerke
	11 = 4 Diskettenlaufwerke
Bit 8:	hat keine Bedeutung
Bit 9 bis 11:	Anzahl der angeschlossenen RS232-Karten
Bit 12 und 13:	wird nicht benutzt
Bit 14 und 15:	geben die Anzahl der Drucker an

Bemerkungen:

▶ Um die Bedeutung der einzelnen Bits des Konfigurationswortes richtig zu interpretieren, muß der PC-Typ (PC/XT oder AT) bekannt sein.

▶ Die angegebene Speichergröße in den Bits 2 und 3 des PC/XT-Konfigurationswortes bezieht sich lediglich auf die Hauptplatine. Wieviel Speicher insgesamt vorhanden ist, kann mit dem Interrupt 12h erfragt werden.

▶ Der Videomodus, der in den Bits 4 und 5 wiedergegeben wird, ist der Videomodus, der beim Einschalten des Systems aktiviert wird. Um den aktuellen Videomodus, der nicht der im Konfigurationswort angegebene sein muß, zu erfragen, sollte man sich daher der Funktion 15 des Interrupts 10h bedienen.

▶ Durch den Aufruf dieser Funktion wird lediglich der Inhalt des AX-Registers verändert.

Eingabe: keine Eingabe

Ausgabe: AX = die Speichergröße in KByte

Bemerkungen:

▸ Während der PC und der XT maximal 640 KByte RAM
aufnehmen können, kann der AT über der 1-MByte-
Grenze noch bis zu 14 MByte RAM-Speicher aufnehmen. Die Größe dieses Speichers ist in der durch
diese Funktion zurückgelieferten Speichergröße nicht
enthalten. Um die Speichergröße hinter der 1-MByte-
Grenze zu erfragen, können Sie sich der Funktion 88h
des Interrupts 15h bedienen, die allerdings nur beim AT
vorhanden ist.

▸ Durch den Aufruf dieser Funktion wird lediglich der
Inhalt des AX-Registers verändert.

Durch Aufruf dieser Funktion wird sowohl ein Reset auf
dem Disketten-Controller als auch auf den angeschlossenen
Diskettenlaufwerken durchgeführt. Vor allen nach jeder
Diskettenoperation, nach der ein Fehler gemeldet wird,
sollte ein Reset durchgeführt werden.

Eingabe: AH = 00h
              DL = 0 oder 1

Ausgabe: Carry-Flag = 0: Operation ausgeführt,in diesem Fall AH = 0
              Carry-Flag = 1: Fehler, in diesem Fall AH = Fehler-Code

Bemerkungen:

▸ Der Wert im DL-Register wird im Grunde genommen
gar nicht gebraucht, da ein Reset über alle Diskettenlaufwerke durchgeführt wird. Er wird beim XT

und beim AT aber dazu benutzt zu erkennen, ob ein
Reset über die Diskettenlaufwerke oder über die Festplatte durchgeführt werden soll.

▶ Folgende Fehler-Codes können auftreten:

01h:	nicht erlaubte Funktionsnummer
02h:	Adreß-Markierung nicht gefunden
03h:	Schreibversuch auf schreibgeschützte Diskette
04h:	angesprochener Sektor nicht gefunden
08h:	DMA-Überlauf
09h:	Datenübertragung über die Segmentgrenze
10h:	Lesefehler
20h:	Fehler des Disk-Controllers
40h:	Spur nicht gefunden
80h:	Time-Out-Fehler, Laufwerk reagiert nicht

▶ Der Inhalt der Register BX, CX, DX, SI, DI, BP und
der Segmentregister wird durch diese Funktion nicht
verändert. Der Inhalt aller anderen Register kann verändert worden sein.

Interrupt 13h, Funktion 01h   **BIOS**
Diskette: Status lesen

Durch Aufruf dieser Funktion wird der Status der letzten
Diskettenoperation abgefragt.

Eingabe: AH = 01h
                 DL = 0 oder 1

Ausgabe: Carry-Flag = 0: Operation ausgeführt,in diesem Fall AH = 0
                 Carry-Flag = 1: Fehler, in diesem Fall AH = Fehler-Code

Bemerkungen:

▶ Der Wert im DL-Register wird im Grunde genommen
gar nicht gebraucht, da der Status immer für das Diskettenlaufwerk zurückgeliefert wird, auf das zuletzt zugegriffen wurde. Er wird beim XT und beim AT aber
dazu benutzt zu erkennen, ob der Status der Diskettenlaufwerke oder der Festplatte abgefragt werden soll.

▶ Folgende Fehler-Codes können auftreten:

01h:	nicht erlaubte Funktionsnummer
02h:	Adreß-Markierung nicht gefunden
03h:	Schreibversuch auf schreibgeschützte Diskette

04h:	angesprochener Sektor nicht gefunden	_?06H : DiSK ENTFERNT_
08h:	DMA-Überlauf	_HPT-SP-OP, OHNE BETEILIGG D. CENTRAL-PROZ_
09h:	Datenübertragung über die Segmentgrenze	_(ES:13X)_
10h:	Lesefehler	
20h:	Fehler des Disk-Controllers	
40h:	Spur nicht gefunden	
80h:	Time-Out-Fehler, Laufwerk reagiert nicht	

▶ Der Inhalt der Register BX, CX, DX, SI, DI, BP und der Segmentregister wird durch diese Funktion nicht verändert. Der Inhalt aller anderen Register kann verändert worden sein.

Interrupt 13h, Funktion 02h   **BIOS**
Diskette: Lesen

Mit Hilfe dieser Funktion können ein oder mehrere Sektoren von der Diskette in einen Puffer gelesen werden.

Eingabe:
AH = 02h
DL = Nummer des Diskettenlaufwerks
DH = Nummer der Diskettenseite (0 oder 1)
CH = Nummer der Spur
CL = Nummer des Sektors
AL = Anzahl der zu lesenden Sektoren
ES = Segmentadresse des Puffers
BX = Offsetadresse des Puffers

Ausgabe:
Carry-Flag = 0: Operation ausgeführt, in diesem Fall AH=0
Carry-Flag = 1: Fehler, in diesem Fall AH = Fehler-Code

Bemerkungen:

▶ Die Anzahl der zu lesenden Sektoren im AL-Register ist in der Hinsicht eingeschränkt, daß mit einem Funktionsaufruf immer nur die logisch aufeinanderfolgenden Sektoren einer Spur auf einer Seite gelesen werden können.

▶ Folgende Fehler-Codes können auftreten:
01h:	nicht erlaubte Funktionsnummer
02h:	Adreß-Markierung nicht gefunden
03h:	Schreibversuch auf schreibgeschützte Diskette
04h:	angesprochener Sektor nicht gefunden
08h:	DMA-Überlauf
09h:	Datenübertragung über die Segmentgrenze

10h:	Lesefehler
20h:	Fehler des Disk-Controllers
40h:	Spur nicht gefunden
80h:	Time-Out-Fehler, Laufwerk reagiert nicht

▶ Der Inhalt der Register BX, CX, DX, SI, DI, BP und der Segmentregister wird durch diese Funktion nicht verändert. Der Inhalt aller anderen Register kann verändert worden sein.

Interrupt 13h, Funktion 03h   **BIOS**
Diskette: Schreiben

Mit Hilfe dieser Funktion können ein oder mehrere Sektoren auf der Diskette beschrieben werden. Die zu übertragenden Daten werden dabei einem Puffer entnommen.

Eingabe:
AH	=	03h
DL	=	Nummer des Diskettenlaufwerks
DH	=	Nummer der Diskettenseite (0 oder 1)
CH	=	Nummer der Spur
CL	=	Nummer des Sektors
AL	=	Anzahl der zu schreibenden Sektoren
ES	=	Segmentadresse des Puffers
BX	=	Offsetadresse des Puffers

Ausgabe: Carry-Flag = 0: Operation ausgeführt, in diesem Fall AH=0
Carry-Flag = 1: Fehler, in diesem Fall AH = Fehler-Code

Bemerkungen:

▶ Die Anzahl der zu schreibenden Sektoren im AL-Register ist in der Hinsicht eingeschränkt, daß mit einem Funktionsaufruf immer nur die logisch aufeinanderfolgenden Sektoren einer Spur auf einer Seite beschrieben werden können.

▶ Folgende Fehler-Codes können auftreten:
01h:	nicht erlaubte Funktionsnummer
02h:	Adreß-Markierung nicht gefunden
03h:	Schreibversuch auf schreibgeschützte Diskette
04h:	angesprochener Sektor nicht gefunden
08h:	DMA-Überlauf
09h:	Datenübertragung über die Segmentgrenze
10h:	Lesefehler
20h:	Fehler des Disk-Controllers
40h:	Spur nicht gefunden
80h:	Time-Out-Fehler, Laufwerk reagiert nicht

▶ Der Inhalt der Register BX, CX, DX, SI, DI, BP und
der Segmentregister wird durch diese Funktion nicht
verändert. Der Inhalt aller anderen Register kann verändert worden sein.

Interrupt 13h, Funktion 04h   BIOS
Diskette: Verifizieren

Mit Hilfe dieser Funktion können ein oder mehrere Sekto-
ren auf der Diskette mit Daten in einem Puffer im
Speicher verglichen werden. Dies dient z.b. nach einem
Schreibbefehl der Überprüfung, ob die Daten richtig auf
Diskette übertragen wurden.

Eingabe: AH = 04h
           DL =   Nummer des Diskettenlaufwerks
           DH =   Nummer der Diskettenseite (0 oder 1)
           CH = Nummer der Spur
           CL = Nummer des Sektors
           AL = Anzahl der zu verifizierenden Sektoren
           ES = Segmentadresse des Puffers
           BX = Offsetadresse des Puffers

Ausgabe: Carry-Flag = 0: Operation ausgeführt, in diesem Fall AH=0
           Carry-Flag = 1: Fehler, in diesem Fall AH = Fehler-Code

Bemerkungen:

▶ Die Anzahl der zu verifizierenden Sektoren im AL-
Register ist in der Hinsicht eingeschränkt, daß mit
einem Funktionsaufruf immer nur die logisch aufeinanderfolgenden Sektoren einer Spur auf einer Seite
verifiziert werden können.

▶ Folgende Fehler-Codes können auftreten:

01h: nicht erlaubte Funktionsnummer
02h: Adreß-Markierung nicht gefunden
03h: Schreibversuch auf schreibgeschützte Diskette
04h: angesprochener Sektor nicht gefunden
08h: DMA-Überlauf
09h: Datenübertragung über die Segmentgrenze
10h: Lesefehler
20h: Fehler des Disk-Controllers
40h: Spur nicht gefunden
80h: Time-Out-Fehler, Laufwerk reagiert nicht

► Der Inhalt der Register BX, CX, DX, SI, DI, BP und der Segmentregister wird durch diese Funktion nicht verändert. Der Inhalt aller anderen Register kann verändert worden sein.

Durch den Aufruf dieser Funktion wird jeweils eine komplette Spur einer Diskettenseite formatiert. Dzu muß der Funktion ein Puffer übergeben werden, der bestimmte Informationen zu den zu formatierenden Sektoren enthält.

Eingabe:
AH = 05h
DL = Nummer des Diskettenlaufwerks
DH = Nummer der Diskettenseite (0 oder 1)
CH = Nummer der Spur
AL = Anzahl der zu formatierenden Sektoren
ES = Segmentadresse des Puffers
BX = Offsetadresse des Puffers

Ausgabe:
Carry-Flag = 0: Operation ausgeführt, in diesem Fall AH=0
Carry-Flag = 1: Fehler, in diesem Fall AH = Fehler-Code

Bemerkungen:

► Die Anzahl der zu formatierenden Sektoren im AL-Register ist in der Hinsicht eingeschränkt, daß mit einem Funktionsaufruf immer nur die logisch aufeinanderfolgenden Sektoren einer Spur auf einer Seite formatiert werden können.

► Der in ES:BX übergebene Puffer enthält für jeden der zu formatierenden Sektoren einen Eintrag, der aus 4 aufeinanderfolgenden Bytes besteht:

1. Nummer der Spur
2. Nummer der Seite
3. logische Nummer des Sektors
4. Anzahl Bytes in diesem Sektor
   0: 128 Bytes
   1: 256 Bytes
   2: 512 Bytes (PC-Standard)
   3: 1024 Bytes

Während Spur- und Seitennummer immer konstant sind, ist die Sektornummer natürlich fortlaufend, kann aber gegenüber der physikalischen Sektornummer verschoben sein.

► Folgende Fehler-Codes können auftreten:

01h: nicht erlaubte Funktionsnummer
02h: Adreß-Markierung nicht gefunden
03h: Schreibversuch auf schreibgeschützte Diskette
04h: angesprochener Sektor nicht gefunden
08h: DMA-Überlauf
09h: Datenübertragung über die Segmentgrenze
10h: Lesefehler
20h: Fehler des Disk-Controllers
40h: Spur nicht gefunden
80h: Time-Out-Fehler, Laufwerk reagiert nicht

► Der Inhalt der Register BX, CX, DX, SI, DI, BP und der Segmentregister wird durch diese Funktion nicht verändert. Der Inhalt aller anderen Register kann verändert worden sein.

Interrupt 13h, Funktion 15h   **BIOS (nur AT)**
Diskette: Feststellung des Laufwerkstyps

Der AT unterstützt nicht nur die alten 320/360-KByte-Laufwerke, sondern auch die neuen 1,2-MByte-Laufwerke. Diese verfügen zusätzlich über die Möglichkeit, einen Diskettenwechsel zu erkennen. Diese Fähigkeit kann mit Hilfe dieser Funktion abgefragt werden.

Eingabe: AH = 15h
               DL = Nummer des Diskettenlaufwerks (0 oder 1)

Ausgabe: Carry-Flag = 0: Operation ausgeführt, in diesem Fall
               AH = Laufwerks-Typ
                  0: Gerät nicht vorhanden
                  1: Laufwerk erkennt keinen Diskettenwechsel
                  2: Laufwerk erkennt Diskettenwechsel
                  3: Festplatte (siehe Bemerkung)
                  1: Fehler

Bemerkungen:

► Die Möglichkeit, daß es sich bei dem erfragten Diskettenlaufwerk um eine Festplatte handelt, rührt daher, daß der AT einen Controller beinhaltet, der wahlweise

2 Diskettenlaufwerke und eine Festplatte oder ein Diskettenlaufwerk und 2 Festplatten verwalten kann. In
einem solchen Fall trägt die erste Festplatte die Nummer 1 und kann so über diese Funktion abgefragt
werden.

▸ Der Inhalt der Register BX, CX, DX, SI, DI, BP und
der Segmentregister wird durch diese Funktion nicht
verändert. Der Inhalt aller anderen Register kann verändert worden sein.

Interrupt 13h, Funktion 16h   **BIOS (nur AT)**
Diskette: Feststellung eines Diskettenwechsels

Der AT unterstützt nicht nur die alten 320/360-KByte-
Laufwerke, sondern auch die neuen 1,2-MByte-Laufwerke.
Diese verfügen zusätzlich über die Möglichkeit, einen Dis-
kettenwechsel zu erkennen. Falls es sich um ein solches
Diskettenlaufwerk handelt, kann mit dieser Funktion ein
Diskettenwechsel seit dem letzten Diskettenzugriff abge-
fragt werden.

Eingabe: AH = 16h
                 DL = Nummer des Diskettenlaufwerks (0 oder 1)

Ausgabe: AH = 0: kein Diskettenwechsel
                 AH = 6: Diskettenwechsel seit letztem Diskettenzugriff

Bemerkungen:

▸ Der Inhalt der Register BX, CX, DX, SI, DI, BP und
der Segmentregister wird durch diese Funktion nicht
verändert. Der Inhalt aller anderen Register kann verändert worden sein.

Interrupt 13h, Funktion 17h   **BIOS (nur AT)**
Diskette: Diskettenformat festlegen

Die 1,2-MByte-Diskettenlaufwerke des AT können sowohl
die alten 320/360-KByte-Disketten als auch die hoch-
kapazitiven 1,2-MByte-Disketten verarbeiten. Während das
BIOS bei einem Lese- oder Schreibzugriff auf die Diskette

anhand der Formatierung das Format (320/360 KByte oder 1,2 MByte) einer Diskette feststellen kann, muß es ihm vor dem Formatieren erst mitgeteilt werden. Aus diesem Grund muß nur beim AT vor Aufruf der Formatierfunktion (Funktionsnummer 5) die Funktion 23 aufgerufen werden.

Eingabe: AH = 17h
                AL = Format
                    1: formatiere mit 320/360 KByte in 320/360-KByte-Laufwerk
                    2: formatiere mit 320/360 KByte in 1,2-MByte-Laufwerk
                    3: formatiere mit 1,2 MByte in 1,2-MByte-Laufwerk

Ausgabe: Carry-Flag = 0: Operation ausgeführt
                Carry-Flag = 1: Fehler

Bemerkungen:

▶ Folgende Fehler-Codes können auftreten:

01h: nicht erlaubte Funktionsnummer
02h: Adreß-Markierung nicht gefunden
03h: Schreibversuch auf schreibgeschützte Diskette
04h: angesprochener Sektor nicht gefunden
08h: DMA-Überlauf
09h: Datenübertragung über die Segmentgrenze
10h: Lesefehler
20h: Fehler des Disk-Controllers
40h: Spur nicht gefunden
80h: Time-Out-Fehler, Laufwerk reagiert nicht

▶ Der Inhalt der Register BX, CX, DX, SI, DI, BP und der Segmentregister wird durch diese Funktion nicht verändert. Der Inhalt aller anderen Register kann verändert worden sein.

Interrupt 13h, Funktion 00h   BIOS (nur XT und AT) Festplatte: Reset

Durch Aufruf dieser Funktion wird sowohl ein Reset auf dem Festplatten-Controller als auch auf den angeschlossenen Festplattenlaufwerken durchgeführt. Vor allem nach jeder Festplattenoperation, nach der ein Fehler gemeldet wird, sollte ein Reset durchgeführt werden.

Eingabe: AH = 00h
                DL = 80h oder 81h

Ausgabe: Carry-Flag = 0: Operation ausgeführt
Carry-Flag = 1: Fehler, in diesem Fall AH = Fehler-Code

Bemerkungen:

▶ Das erste Festplattenlaufwerk trägt die Nummer 80h, das zweite die Nummer 81h.

▶ Der Wert im DL-Register wird im Grunde genommen gar nicht gebraucht, da ein Reset über alle Festplattenlaufwerke durchgeführt wird. Er wird beim XT und beim AT aber dazu benutzt zu erkennen, ob ein Reset über die Diskettenlaufwerke oder über die Festplatte durchgeführt werden soll.

▶ Folgende Fehler-Codes können auftreten:

01h:	nicht vorhandene Funktion oder nicht vorhandenes Laufwerk angesprochen
02h:	Adreß-Markierung nicht gefunden
04h:	Sektor nicht gefunden
05h:	Fehler bei Reset des Controllers
07h:	Fehler bei Initialisierung des Controllers
09h:	DMA-Übertragungsfehler: Segmentgrenze überschritten
0Ah:	Sektor nicht in Ordnung
10h:	Lesefehler
11h:	Lesefehler über ECC korrigiert
20h:	Controller defekt
40h:	Such-Operation gescheitert
80h:	Laufwerk antwortet nicht (Time out)
AAh:	Laufwerk nicht bereit
CCh:	Schreibfehler

▶ Der Inhalt der Register BX, CX, DX, SI, DI, BP und der Segmentregister wird durch diese Funktion nicht verändert. Der Inhalt aller anderen Register kann verändert worden sein.

Interrupt 13h, Funktion 01h   BIOS (nur XT und AT)
Festplatte: Status lesen

Durch Aufruf dieser Funktion wird der Status der letzten Festplattenoperation abgefragt.

Eingabe: AH = 01h
DL = 80h oder 81h

Ausgabe: Carry-Flag = 0: Operation ausgeführt
Carry-Flag = 1: Fehler, in diesem Fall AH = Fehler-Code

Bemerkungen:

▸ Das erste Festplattenlaufwerk trägt die Nummer 80h, das zweite die Nummer 81h.

▸ Der Wert im DL-Register wird im Grunde genommen gar nicht gebraucht, da der Status immer für das Festplattenlaufwerk zurückgeliefert wird, auf das zuletzt zugegriffen wurde. Er wird beim XT und beim AT aber benutzt, um zu erkennen, ob der Status der Diskettenlaufwerke oder der Festplatte abgefragt werden soll.

▸ Folgende Fehler-Codes können auftreten:

01h:	nicht vorhandene Funktion oder nicht vorhandenes Laufwerk angesprochen
02h:	Adreß-Markierung nicht gefunden
04h:	Sektor nicht gefunden
05h:	Fehler bei Reset des Controllers
07h:	Fehler bei Initialisierung des Controllers
09h:	DMA-Übertragungsfehler: Segmentgrenze überschritten
0Ah:	Sektor nicht in Ordnung
10h:	Lesefehler
11h:	Lesefehler über ECC korrigiert
20h:	Controller defekt
40h:	Such-Operation gescheitert
80h:	Laufwerk antwortet nicht (Time out)
AAh:	Laufwerk nicht bereit
CCh:	Schreibfehler

▸ Der Inhalt der Register BX, CX, DX, SI, DI, BP und der Segmentregister wird durch diese Funktion nicht verändert. Der Inhalt aller anderen Register kann verändert worden sein.

Interrupt 13h, Funktion 02h   BIOS (nur XT und AT)
Festplatte: Lesen

Mit Hilfe dieser Funktion können ein oder mehrere Sektoren von der Festplatte in einen Puffer gelesen werden.

Eingabe: AH = 02h
DL = Nummer des Festplattenlaufwerks (80h oder 81h)
DH = Nummer des Lese-/Schreibkopfes

CH = Nummer des Zylinders
CL = Nummer des Sektors
AL = Anzahl der zu lesenden Sektoren (1 - 128)
ES = Segmentadresse des Puffers
BX = Offsetadresse des Puffers

Ausgabe: Carry-Flag = 0: Operation ausgeführt
Carry-Flag = 1: Fehler, in diesem Fall AH = Fehler-Code

Bemerkungen:

▶ Das erste Festplattenlaufwerk trägt die Nummer 80h, das zweite die Nummer 81h.

▶ Da mit den 8 Bit des CH-Registers nur 256 Zylinder adressiert werden können, bilden die Bits 6 und 7 der Sektornummer (CL-Register) die Bits 8 und 9 der Zylindernummer und ermöglichen damit die Adressierung von bis zu 1023 Zylindern.

▶ Werden mehrere Sektoren gelesen und wird dabei der letzte Sektor eines Zylinders erreicht, so wird in dem ersten Sektor des Zylinders des nächsten Lese-/Schreibkopfes weitergelesen. Ist der letzte Lese-/Schreibkopf erreicht, wird auf dem ersten Sektor des folgenden Zylinders auf dem ersten Lese-/Schreibkopf mit dem Lesen fortgefahren.

▶ Folgende Fehler-Codes können auftreten:

01h: nicht vorhandene Funktion oder nicht vorhandenes Laufwerk angesprochen
02h: Adreß-Markierung nicht gefunden
04h: Sektor nicht gefunden
05h: Fehler bei Reset des Controllers
07h: Fehler bei Initialisierung des Controllers
09h: DMA-Übertragungsfehler: Segmentgrenze überschritten
0Ah: Sektor nicht in Ordnung
10h: Lesefehler
11h: Lesefehler über ECC korrigiert
20h: Controller defekt
40h: Such-Operation gescheitert
80h: Laufwerk antwortet nicht (Time out)
AAh: Laufwerk nicht bereit
CCh: Schreibfehler

▶ Der Inhalt der Register BX, CX, DX, SI, DI, BP und der Segmentregister wird durch diese Funktion nicht verändert. Der Inhalt aller anderen Register kann verändert worden sein.

Mit Hilfe dieser Funktion können ein oder mehrere Sektoren auf der Festplatte beschrieben werden. Die zu übertragenden Daten werden dabei einem Puffer des aufrufenden Programms entnommen.

Eingabe: AH = 03h
          DL = Nummer des Festplattenlaufwerks (80h oder 81h)
          DH = Nummer des Lese-/Schreibkopfes
          CH = Nummer des Zylinders
          CL = Nummer des Sektors
          AL = Anzahl der zu schreibenden Sektoren (1 - 128)
          ES = Segmentadresse des Puffers
          BX = Offsetadresse des Puffers

Ausgabe: Carry-Flag = 0 Operation ausgeführt
          Carry-Flag = 1: Fehler, in diesem Fall AH = Fehler-Code

Bemerkungen:

▶ Das erste Festplattenlaufwerk trägt die Nummer 80h,
  das zweite die Nummer 81h.

▶ Da mit den 8 Bit des CH-Registers nur 256 Zylinder
  adressiert werden können, bilden die Bits 6 und 7 der
  Sektornummer (CL-Register) die Bits 8 und 9 der
  Zylindernummer und ermöglichen damit die Adressierung von bis zu 1023 Zylindern.

▶ Werden mehrere Sektoren geschrieben und wird dabei
  der letzte Sektor eines Zylinders erreicht, so wird in
  dem ersten Sektor des Zylinders des nächsten Lese-/
  Schreibkopfes weitergeschrieben. Ist der letzte Lese-/
  Schreibkopf erreicht, wird auf dem ersten Sektor des
  folgenden Zylinders auf dem ersten Lese-/Schreibkopf
  mit dem Schreiben fortgefahren.

▶ Folgende Fehler-Codes können auftreten:

  01h: nicht vorhandene Funktion oder nicht vorhandenes Laufwerk an-
        gesprochen
  02h: Adreß-Markierung nicht gefunden
  04h: Sektor nicht gefunden
  05h: Fehler bei Reset des Controllers
  07h: Fehler bei Initialisierung des Controllers
  09h: DMA-Übertragungsfehler: Segmentgrenze überschritten
  0Ah: Sektor nicht in Ordnung

```
10h:  Lesefehler
11h:  Lesefehler über ECC korrigiert
20h:  Controller defekt
40h:  Such-Operation gescheitert
80h:  Laufwerk antwortet nicht (Time out)
AAh:  Laufwerk nicht bereit
CCh:  Schreibfehler
```

► Der Inhalt der Register BX, CX, DX, SI, DI, BP und der Segmentregister wird durch diese Funktion nicht verändert. Der Inhalt aller anderen Register kann verändert worden sein.

Interrupt 13h, Funktion 04h   **BIOS (nur XT und AT)**
Festplatte: Verifizieren

Mit Hilfe dieser Funktion können ein oder mehrere Sektoren auf der Festplatte verifiziert werden. Entgegen der entsprechenden Disketten-Funktion werden dabei jedoch nicht die Daten auf der Festplatte mit Daten im Speicher verglichen. Vielmehr werden bei der Speicherung eines jeden Sektors 4 Prüfbytes mit abgespeichert, anhand derer der Inhalt eines Sektors auch nachträglich noch verifiziert werden kann.

Eingabe: AH = 04h
             DL = Nummer des Festplattenlaufwerks (80h oder 81h)
             DH = Nummer des Lese-/Schreibkopfes
             CH = Nummer des Zylinders
             CL = Nummer des Sektors
             AL = Anzahl der zu verifizierenden Sektoren (1 - 128)

Ausgabe: Carry-Flag = 0: Operation ausgeführt
             Carry-Flag = 1: Fehler, in diesem Fall AH = Fehler-Code

Bemerkungen:

► Das erste Festplattenlaufwerk trägt die Nummer 80h, das zweite die Nummer 81h.

► Da mit den 8 Bit des CH-Registers nur 256 Zylinder adressiert werden können, bilden die Bits 6 und 7 der Sektornummer (CL-Register) die Bits 8 und 9 der Zylindernummer und ermöglichen damit die Adressierung von bis zu 1023 Zylindern.

▸ Werden mehrere Sektoren verifiziert und wird dabei der letzte Sektor eines Zylinders erreicht, so wird in dem ersten Sektor des Zylinders des nächsten Lese-/ Schreibkopfes weiter verifiziert. Ist der letzte Lese-/ Schreibkopf erreicht, wird auf dem ersten Sektor des folgenden Zylinders auf dem ersten Lese-/Schreikopfes mit dem Verifizieren fortgefahren.

▸ Folgende Fehler-Codes können auftreten:

01h:	nicht vorhandene Funktion oder nicht vorhandenes Laufwerk angesprochen
02h:	Adreß-Markierung nicht gefunden
04h:	Sektor nicht gefunden
05h:	Fehler bei Reset des Controllers
07h:	Fehler bei Initialisierung des Controllers
09h:	DMA-Übertragungsfehler: Segmentgrenze überschritten
0Ah:	Sektor nicht in Ordnung
10h:	Lesefehler
11h:	Lesefehler über ECC korrigiert
20h:	Controller defekt
40h:	Such-Operation gescheitert
80h:	Laufwerk antwortet nicht (Time out)
AAh:	Laufwerk nicht bereit
CCh:	Schreibfehler

▸ Der Inhalt der Register BX, CX, DX, SI, DI, BP und der Segmentregister wird durch diese Funktion nicht verändert. Der Inhalt aller anderen Register kann verändert worden sein.

Interrupt 13h, Funktion 05h   BIOS (nur XT und AT)
Festplatte: Formatieren

Durch Aufruf dieser Funktion wird ein kompletter Zylinder, also 17 Sektoren, einer Festplatte formatiert. Dazu benötigt die Funktion jedoch einige zusätzliche Informationen, die das aufrufende Programm in einem Puffer zur Verfügung stellen muß.

Eingabe:

AH =	05h
DL =	Nummer des Festplattenlaufwerks (80h oder 81h)
DH =	Nummer des Lese-/Schreibkopfes
CH =	Nummer des Zylinders
CL =	1
AL =	17
ES =	Segmentadresse des Puffers
BX =	Offsetadresse des Puffers

Ausgabe: Carry-Flag = 0: Operation ausgeführt
Carry-Flag = 1: Fehler, in diesem Fall AH = Fehler Code

Bemerkungen:

▶ Das erste Festplattenlaufwerk trägt die Nummer 80h, das zweite die Nummer 81h.

▶ Da mit den 8 Bit des CH-Registers nur 256 Zylinder adressiert werden können, bilden die Bits 6 und 7 der Sektornummer (CL-Register) die Bits 8 und 9 der Zylindernummer und ermöglichen damit die Adressierung von bis zu 1023 Zylindern.

▶ Da immer ein kompletter Zylinder formatiert wird, ist der erste zu formatierende Sektor im CL-Register immer der Sektor 1. Aus dem gleichen Grund ist die Anzahl der zu formatierenden Sektoren im AL-Register immer 17, da die Standard-Festplatten mit 17 Sektoren pro Zylinder arbeiten.

▶ Der Puffer, dessen Adresse in ES:BX übergeben wird, muß mindestens 512 Bytes groß sein. Bei den zu formatierenden 17 Sektoren eines Zylinders werden allerdings nur die ersten 34 Bytes dieses Puffers genutzt. Jeweils zwei aufeinanderfolgende Bytes enthalten Informationen über den entsprechenden physikalischen Sektor. Das jeweils erste Byte hat vor dem Funktionsaufruf keine Bedeutung. Es zeigt nach dem Funktionsaufruf an, ob der Sektor formatiert werden konnte (00h) oder nicht (80h). Das jeweils zweite Byte gibt die logische Sektornummer des physikalischen Sektors an und muß vor Aufruf der Funktion vom aufrufenden Programm in den Puffer eingetragen werden.

▶ Folgende Fehler-Codes können auftreten:

01h: nicht vorhandene Funktion oder nicht vorhandenes Laufwerk angesprochen
02h: Adreß-Markierung nicht gefunden
04h: Sektor nicht gefunden
05h: Fehler bei Reset des Controllers
07h: Fehler bei Initialisierung des Controllers
09h: DMA-Übertragungsfehler: Segmentgrenze überschritten
0Ah: Sektor nicht in Ordnung
10h: Lesefehler
11h: Lesefehler über ECC korrigiert

20h: Controller defekt
40h: Such-Operation gescheitert
80h: Laufwerk antwortet nicht (Time out)
AAh: Laufwerk nicht bereit
CCh: Schreibfehler

► Der Inhalt der Register BX, CX, DX, SI, DI, BP und der Segmentregister wird durch diese Funktion nicht verändert. Der Inhalt aller anderen Register kann verändert worden sein.

Interrupt 13h, Funktion 08h   BIOS (nur XT und AT)
Festplatte: Format erfragen

Durch Aufruf dieser Funktion werden dem aufrufenden Programm das Format bzw. die Eckdaten des Festplattenlaufwerks übergeben.

Eingabe: AH = 08h
          DL = Nummer des Festplattenlaufwerks (80h oder 81h)

Ausgabe: Carry-Flag = 0: Operation ausgeführt, in diesem Fall
          DL = Anzahl der angeschlossenen Festplatten
          DH = Anzahl d. Lese-/Schreibköpfe (0=erster Kopf)
          CH = Nummer des Zylinders
          CL = Nummer des Sektors
          Carry-Flag = 1: Fehler, in diesem Fall AH = Fehler-Code

Bemerkungen:

► Das erste Festplattenlaufwerk trägt die Nummer 80h, das zweite die Nummer 81h.

► Da mit den 8 Bit des CH-Registers nur 256 Zylinder adressiert werden können, bilden die Bits 6 und 7 der Sektornummer (CL-Register) die Bits 8 und 9 der Zylindernummer und ermöglichen damit die Adressierung von bis zu 1023 Zylindern.

► Die Gesamtkapazität der Festplatte in Bytes ergibt sich nach folgender Formel:
Kapazität = Köpfe * Zylinder * Sektoren * 512

► Folgende Fehler-Codes können auftreten:

01h: nicht vorhandene Funktion oder nicht vorhandenes Laufwerk angesprochen
02h: Adreß-Markierung nicht gefunden
04h: Sektor nicht gefunden
05h: Fehler bei Reset des Controllers
07h: Fehler bei Initialisierung des Controllers
09h: DMA-Übertragungsfehler: Segmentgrenze überschritten
0Ah: Sektor nicht in Ordnung
10h: Lesefehler
11h: Lesefehler über ECC korrigiert
20h: Controller defekt
40h: Such-Operation gescheitert
80h: Laufwerk antwortet nicht (Time out)
AAh: Laufwerk nicht bereit
CCh: Schreibfehler

► Der Inhalt der Register BX, CX, DX, SI, DI, BP und der Segmentregister wird durch diese Funktion nicht verändert. Der Inhalt aller anderen Register kann verändert worden sein.

Interrupt 13h, Funktion 09h   BIOS (nur XT und AT)
Festplatte: Anpassung fremder Laufwerke

Durch Aufruf dieser Funktion können fremde Laufwerke angepaßt werden, so daß mit Hilfe der BIOS-Funktionen auf sie zugegriffen werden kann.

Eingabe: AH = 09h
DL = Nummer des anzupassenden Festplattenlaufwerks (80h oder 81h)

Ausgabe: Carry-Flag = 0: Operation ausgeführt
Carry-Flag = 1: Fehler, in diesem Fall AH = Fehler-Code

Bemerkungen:

► Das erste Festplattenlaufwerk trägt die Nummer 80h, das zweite die Nummer 81h.

► Die Informationen über das anzupassende Festplattenlaufwerk (Anzahl Lese-/Schreibköpfe usw.) entnimmt das BIOS einer Tabelle. Die Adresse dieser Tabelle ist für das Festplattenlaufwerk mit der Nummer

80h im Interrupt-Vektor 41h und für das Laufwerk mit der Nummer 81h im Interrupt 46h abgelegt. Dort erfahren Sie mehr über diese Tabelle.

▶ Folgende Fehler-Codes können auftreten:

01h:	nicht vorhandene Funktion oder nicht vorhandenes Laufwerk angesprochen
02h:	Adreß-Markierung nicht gefunden
04h:	Sektor nicht gefunden
05h:	Fehler bei Reset des Controllers
07h:	Fehler bei Initialisierung des Controllers
09h:	DMA-Übertragungsfehler: Segmentgrenze überschritten
0Ah:	Sektor nicht in Ordnung
10h:	Lesefehler
11h:	Lesefehler über ECC korrigiert
20h:	Controller defekt
40h:	Such-Operation gescheitert
80h:	Laufwerk antwortet nicht (Time out)
AAh:	Laufwerk nicht bereit
CCh:	Schreibfehler

▶ Der Inhalt der Register BX, CX, DX, SI, DI, BP und der Segmentregister wird durch diese Funktion nicht verändert. Der Inhalt aller anderen Register kann verändert worden sein.

Interrupt 13h, Funktion 0Ah   BIOS (nur XT und AT)
Festplatte: Erweitertes Lesen

Mit Hilfe dieser Funktion können ein oder mehrere Sektoren von der Festplatte in einen Puffer gelesen werden. Neben den eigentlichen 512 Byte, die in dem jeweiligen Sektor gespeichert sind, werden zusätzlich die 4 Prüf-(ECC) Bytes eingelesen, die am Ende eines jeden Sektors gespeichert sind.

Eingabe: AH = 0Ah
DL = Nummer des Festplattenlaufwerks (80h oder 81h)
DH = Nummer des Lese-/Schreibkopfes
CH = Nummer des Zylinders
CL = Nummer des Sektors
AL = Anzahl der zu lesenden Sektoren (1 - 127)
ES = Segmentadresse des Puffers
BX = Offsetadresse des Puffers

Ausgabe: Carry-Flag = 0: Operation ausgeführt
Carry-Flag = 1: Fehler, in diesem Fall AH = Fehler-Code

Bemerkungen:

▶ Das erste Festplattenlaufwerk trägt die Nummer 80h, das zweite die Nummer 81h.

▶ Normalerweise werden die 4 Prüfbytes vom Controller errechnet, hier nimmt er sie direkt aus dem Puffer.

▶ Da mit den 8 Bit des CH-Registers nur 256 Zylinder adressiert werden können, bilden die Bits 6 und 7 der Sektornummer (CL-Register) die Bits 8 und 9 der Zylindernummer und ermöglichen damit die Adressierung von bis zu 1023 Zylindern.

▶ Werden mehrere Sektoren gelesen und wird dabei der letzte Sektor eines Zylinders erreicht, so wird in dem ersten Sektor des Zylinders des nächsten Lese-/Schreibkopfes weitergelesen. Ist der letzte Lese-/Schreibkopf erreicht, wird auf dem ersten Sektor des folgenden Zylinders des ersten Lese-/Schreibkopfes mit dem Lesen fortgefahren.

▶ Folgende Fehler-Codes können auftreten:

01h:	nicht vorhandene Funktion oder nicht vorhandenes Laufwerk angesprochen
02h:	Adreß-Markierung nicht gefunden
04h:	Sektor nicht gefunden
05h:	Fehler bei Reset des Controllers
07h:	Fehler bei Initialisierung des Controllers
09h:	DMA-Übertragungsfehler: Segmentgrenze überschritten
0Ah:	Sektor nicht in Ordnung
10h:	Lesefehler
11h:	Lesefehler über ECC korrigiert
20h:	Controller defekt
40h:	Such-Operation gescheitert
80h:	Laufwerk antwortet nicht (Time out)
AAh:	Laufwerk nicht bereit
CCh:	Schreibfehler

▶ Der Inhalt der Register BX, CX, DX, SI, DI, BP und der Segmentregister wird durch diese Funktion nicht verändert. Der Inhalt aller anderen Register kann verändert worden sein.

Mit Hilfe dieser Funktion können ein oder mehrere Sektoren auf der Festplatte beschrieben werden. Neben den eigentlichen 512 Byte, die in dem jeweiligen Sektor gespeichert werden, werden zusätzlich die 4 Prüf- (ECC) Bytes mit aus dem Puffer übertragen, die am Ende eines jeden Sektors abgespeichert werden.

Eingabe: AH = 0Bh
                DL = Nummer des Festplattenlaufwerks (80h oder 81h)
                DH = Nummer des Lese-/Schreibkopfes
                CH = Nummer des Zylinders
                CL = Nummer des Sektors
                AL = Anzahl der zu schreibenden Sektoren (1 - 127)
                ES = Segmentadresse des Puffers
                BX = Offsetadresse des Puffers

Ausgabe: Carry-Flag = 0: Operation ausgeführt
                Carry-Flag = 1: Fehler, in diesem Fall AH = Fehler-Code

Bemerkungen:

▸ Das erste Festplattenlaufwerk trägt die Nummer 80h, das zweite die Nummer 81h.

▸ Normalerweise werden die 4 Prüfbytes vom Controller errechnet, hier nimmt er sie direkt aus dem Puffer.

▸ Da mit den 8 Bit des CH-Registers nur 256 Zylinder adressiert werden können, bilden die Bits 6 und 7 der Sektornummer (CL-Register) die Bits 8 und 9 der Zylindernummer und ermöglichen damit die Adressierung von bis zu 1023 Zylindern.

▸ Werden mehrere Sektoren geschrieben und wird dabei der letzte Sektor eines Zylinders erreicht, so wird in dem ersten Sektor des Zylinders des nächsten Lese-/Schreibkopfes weitergeschrieben. Ist der letzte Lese-/Schreibkopf erreicht, wird auf dem ersten Sektor des folgenden Zylinders des ersten Lese-/Schreibkopfes mit dem Schreiben fortgefahren.

▶ Folgende Fehler-Codes können auftreten:

01h:	nicht vorhandene Funktion oder nicht vorhandenes Laufwerk angesprochen
02h:	Adreß-Markierung nicht gefunden
04h:	Sektor nicht gefunden
05h:	Fehler bei Reset des Controllers
07h:	Fehler bei Initialisierung des Controllers
09h:	DMA-Übertragungsfehler: Segmentgrenze überschritten
0Ah:	Sektor nicht in Ordnung
10h:	Lesefehler
11h:	Lesefehler über ECC korrigiert
20h:	Controller defekt
40h:	Such-Operation gescheitert
80h:	Laufwerk antwortet nicht (Time out)
AAh:	Laufwerk nicht bereit
CCh:	Schreibfehler

▶ Der Inhalt der Register BX, CX, DX, SI, DI, BP und der Segmentregister wird durch diese Funktion nicht verändert. Der Inhalt aller anderen Register kann verändert worden sein.

Interrupt 13h, Funktion 0Dh   BIOS (nur XT und AT)
Festplatte: Reset

Durch Aufruf dieser Funktion wird sowohl ein Reset auf dem Festplatten-Controller als auch auf den angeschlossenen Festplattenlaufwerken durchgeführt. Vor allem nach jeder Festplattenoperation, nach der ein Fehler gemeldet wird, sollte ein Reset durchgeführt werden.

Eingabe: AH = 0Dh
              DL = 80h oder 81h

Ausgabe: Carry-Flag = 0: Operation ausgeführt
              Carry-Flag = 1: Fehler, in diesem Fall AH = Fehler-Code

Bemerkungen:

▶ Der Wert im DL-Register wird im Grunde genommen gar nicht gebraucht, da ein Reset über alle Festplattenlaufwerke durchgeführt wird. Er wird beim XT und beim AT aber benutzt, um zu erkennen, ob ein Reset über die Diskettenlaufwerke oder über die Festplatte durchgeführt werden soll.

▶ Diese Funktion ist mit der Funktion 0 identisch.

► Das erste Festplattenlaufwerk trägt die Nummer 80h, das zweite die Nummer 81h.

► Folgende Fehler-Codes können auftreten:

01h: nicht vorhandene Funktion oder nicht vorhandenes Laufwerk angesprochen
02h: Adreß-Markierung nicht gefunden
04h: Sektor nicht gefunden
05h: Fehler bei Reset des Controllers
07h: Fehler bei Initialisierung des Controllers
09h: DMA-Übertragungsfehler: Segmentgrenze überschritten
0Ah: Sektor nicht in Ordnung
10h: Lesefehler
11h: Lesefehler über ECC korrigiert
20h: Controller defekt
40h: Such-Operation gescheitert
80h: Laufwerk antwortet nicht (Time out)
AAh: Laufwerk nicht bereit
CCh: Schreibfehler

► Der Inhalt der Register BX, CX, DX, SI, DI, BP und der Segmentregister wird durch diese Funktion nicht verändert. Der Inhalt aller anderen Register kann verändert worden sein.

**Interrupt 13h, Funktion 10h   BIOS (nur XT und AT)
Festplatte: Ist das Laufwerk bereit?**

Mit Hilfe dieser Funktion kann festgestellt werden, ob das Laufwerk bereit, d.h. die letzte Operation abgeschlossen ist.

Eingabe: AH = 10h
            DL = 80h oder 81h

Ausgabe: Carry-Flag = 0: Laufwerk bereit
            Carry-Flag = 1: Laufwerk nicht bereit, in diesem Fall
            AH = Fehler-Code

Bemerkungen:

► Das erste Festplattenlaufwerk trägt die Nummer 80h, das zweite die Nummer 81h.

► Folgende Fehler-Codes können auftreten:

01h: nicht vorhandene Funktion oder nicht vorhandenes Laufwerk angesprochen
02h: Adreß-Markierung nicht gefunden
04h: Sektor nicht gefunden

05h:	Fehler bei Reset des Controllers
07h:	Fehler bei Initialisierung des Controllers
09h:	DMA-Übertragungsfehler: Segmentgrenze überschritten
0Ah:	Sektor nicht in Ordnung
10h:	Lesefehler
11h:	Lesefehler über ECC korrigiert
20h:	Controller defekt
40h:	Such-Operation gescheitert
80h:	Laufwerk antwortet nicht (Time out)
AAh:	Laufwerk nicht bereit
CCh:	Schreibfehler

▸ Der Inhalt der Register BX, CX, DX, SI, DI, BP und der Segmentregister wird durch diese Funktion nicht verändert. Der Inhalt aller anderen Register kann verändert worden sein.

Interrupt 13h, Funktion 11h   BIOS (nur XT und AT)
Festplatte: Rekalibrieren des Laufwerks

Nach dem Auftreten eines Fehlers (vor allem eines Lese- oder Schreibfehlers) sollte nicht nur ein Reset, sondern auch eine Rekalibrierung des Festplattenlaufwerks durchgeführt werden

Eingabe: AH = 11h
          DL = 80h oder 81h

Ausgabe: Carry-Flag = 0: Operation ausgeführt
          Carry-Flag = 1: Fehler, in diesem Fall AH = Fehler-Code

Bemerkungen:

▸ Das erste Festplattenlaufwerk trägt die Nummer 80h, das zweite die Nummer 81h.

▸ Folgende Fehler-Codes können auftreten:

01h:	nicht vorhandene Funktion oder nicht vorhandenes Laufwerk angesprochen
02h:	Adreß-Markierung nicht gefunden
04h:	Sektor nicht gefunden
05h:	Fehler bei Reset des Controllers
07h:	Fehler bei Initialisierung des Controllers
09h:	DMA-Übertragungsfehler: Segmentgrenze überschritten
0Ah:	Sektor nicht in Ordnung
10h:	Lesefehler
11h:	Lesefehler über ECC korrigiert
20h:	Controller defekt
40h:	Such-Operation gescheitert

80h: Laufwerk antwortet nicht (Time out)
AAh: Laufwerk nicht bereit
CCh: Schreibfehler

▶ Der Inhalt der Register BX, CX, DX, SI, DI, BP und der Segmentregister wird durch diese Funktion nicht verändert. Der Inhalt aller anderen Register kann verändert worden sein.

Interrupt 13h, Funktion 14h   BIOS (nur XT und AT)
Festplatte: Controller-Diagnose

Nach Aufruf dieser Funktion unterzieht sich der Festplatten-Controller einem internen Diagnose-Test.

Eingabe: AH = 14h
DL = 80h oder 81h

Ausgabe: Carry-Flag = 0: Operation ausgeführt
Carry-Flag = 1: Fehler, in diesem Fall AH = Fehler-Code

Bemerkungen:

▶ Das erste Festplattenlaufwerk trägt die Nummer 80h, das zweite die Nummer 81h.

▶ Folgende Fehler-Codes können auftreten:

01h: nicht vorhandene Funktion oder nicht vorhandenes Laufwerk angesprochen
02h: Adreß-Markierung nicht gefunden
04h: Sektor nicht gefunden
05h: Fehler bei Reset des Controllers
07h: Fehler bei Initialisierung des Controllers
09h: DMA-Übertragungsfehler: Segmentgrenze überschritten
0Ah: Sektor nicht in Ordnung
10h: Lesefehler
11h: Lesefehler über ECC korrigiert
20h: Controller defekt
40h: Such-Operation gescheitert
80h: Laufwerk antwortet nicht (Time out)
AAh: Laufwerk nicht bereit
CCh: Schreibfehler

▶ Der Inhalt der Register BX, CX, DX, SI, DI, BP und der Segmentregister wird durch diese Funktion nicht verändert. Der Inhalt aller anderen Register kann verändert worden sein.

Der AT enthält einen Controller, der sowohl die Festplatten- als auch die Diskettenlaufwerke verwalten kann. Er ist dabei in der Lage, entweder zwei Diskettenlaufwerke und eine Festplatte oder zwei Festplatten und ein Diskettenlaufwerk zu verwalten. Mit Hilfe dieser Funktion kann nun festgestellt werden, ob es sich bei den Geräten mit den Nummern 80h und 81h um Disketten- oder Festplattenlaufwerke handelt.

Eingabe: AH = 15
DL = Nummer des Laufwerks (80h oder 81h)

Ausgabe: Carry-Flag = 0: Operation ausgeführt, in diesem Fall
AH = Laufwerkstyp
0: Gerät nicht vorhanden
1: Laufwerk erkennt keinen Diskettenwechsel
2: Laufwerk erkennt Diskettenwechsel
3: Festplatte
Carry-Flag = 1: Fehler, in diesem Fall
AH = Fehler-Code

Bemerkungen:

▸ Das erste Festplattenlaufwerk trägt die Nummer 80h, das zweite die Nummer 81h.

▸ Der Inhalt der Register BX, CX, DX, SI, DI, BP und der Segmentregister wird durch diese Funktion nicht verändert. Der Inhalt aller anderen Register kann verändert worden sein.

Durch Aufruf dieser Funktion kann eine der an den PC angeschlossenen seriellen Schnittstellen initialisiert und konfiguriert werden. Dabei wird neben der Parität der Übertragung und der Anzahl der Stop-Bits auch die Baud-Rate festgelegt.

Eingabe: AH = 00h
DX = Nummer der seriellen Schnittstelle (die erste serielle Schnittstelle trägt die Nummer 0)
AL = Konfigurationsparameter
Bit 0-1: Datenlänge
10(b) = 7 Bits
11(b) = 8 Bits
Bit 2: Anzahl der Stop-Bits
0(b) = 1 Stop-Bit
1(b) = 2 Stop-Bits
Bit 3-4: Paritätsprüfung
00(b) = keine
01(b) = ungerade
11(b) = gerade
Bit 5-7: Baud-Rate
000(b) = 110 Baud
001(b) = 150 Baud
010(b) = 300 Baud
011(b) = 600 Baud
100(b) = 1200 Baud
101(b) = 2400 Baud
110(b) = 4800 Baud
111(b) = 9600 Baud

Ausgabe: AH = Status der seriellen Schnittstelle
Bit 0: Daten stehen bereit
Bit 1: Daten überschrieben
Bit 2: Paritätsfehler
Bit 3: Protokoll nicht eingehalten
Bit 4: Unterbrechung entdeckt
Bit 5: Transmission-Hold-Register leer
Bit 6: Transmission-Shift-Register leer
Bit 7: Time-Out
AL = Modem-Status
Bit 0: (Delta) Modem zum Senden bereit
Bit 1: (Delta) Modem ist angeschaltet
Bit 2: (Delta) Telefon läutet
Bit 3: (Delta) Verbindung zum Empfänger-Modem aufgebaut
Bit 4: Modem zum Senden bereit
Bit 5: Modem ist angeschaltet
Bit 6: Telefon läutet
Bit 7: Verbindung zum Empfänger-Modem aufgebaut

Bemerkungen:

▶ Die serielle Schnittstelle, die von DOS COM1 genannt wird, trägt die Nummer 0; COM2 die Nummer 1.

▶ Der Inhalt der Register BX, CX, DX, SI, DI, BP und der Segmentregister wird durch diese Funktion nicht verändert. Der Inhalt aller anderen Register kann verändert worden sein.

Um ein Zeichen durch eine serielle Schnittstelle ausgeben zu lassen, wird diese Funktion aufgerufen.

Eingabe: AH = 01h
               DX = Nummer der seriellen Schnittstelle (die erste serielle
                    Schnittstelle trägt die Nummer 0)
               AL = Code des auszugebenden Zeichens

Ausgabe: AH: Bit 7 = 0: Zeichen wurde übertragen
                     Bit 7 = 1: Fehler in diesem Fall:
                          Bit 0-6: Status der seriellen Schnittstelle
                          Bit 0: Daten stehen bereit
                          Bit 1: Daten überschrieben
                          Bit 2: Paritätsfehler
                          Bit 3: Protokoll nicht eingehalten
                          Bit 4: Unterbrechung entdeckt
                          Bit 5: Transmission-Hold-Register leer
                          Bit 6: Transmission-Shift-Register leer

Bemerkungen:

▶ Die serielle Schnittstelle, die von DOS COM1 genannt wird, trägt die Nummer 0; COM2 die Nummer 1.

▶ Der Inhalt der Register AL, BX, CX, DX, SI, DI, BP und der Segmentregister wird durch diese Funktion nicht verändert. Der Inhalt aller anderen Register kann verändert worden sein.

Empfängt ein Zeichen von der seriellen Schnittstelle.

Eingabe: AH = 02h
               DX = Nummer der seriellen Schnittstelle (die erste serielle
                    Schnittstelle trägt die Nummer 0)

Ausgabe: AH: Bit 7 = 0: Zeichen wurde empfangen, in diesem Fall:
               AL = das empfangene Zeichen
                     Bit 7 = 1: Fehler, in diesem Fall:
                          Bit 0-6: Status der seriellen Schnittstelle
                          Bit 0: Daten stehen bereit
                          Bit 1: Daten überschrieben
                          Bit 2: Paritätsfehler

114

Bit 3: Protokoll nicht eingehalten
Bit 4: Unterbrechung entdeckt
Bit 5: Transmission-Hold-Register leer
Bit 6: Transmission-Shift-Register leer

Bemerkungen:

▶ Die serielle Schnittstelle, die von DOS COM1 genannt wird, trägt die Nummer 0; COM2 die Nummer 1.

▶ Diese Funktion sollte erst dann aufgerufen werden, wenn mit Hilfe der Funktion 3 festgestellt wurde, daß ein Zeichen zum Empfang bereit steht.

▶ Der Inhalt der Register BX, CX, DX, SI, DI, BP und der Segmentregister wird durch diese Funktion nicht verändert. Der Inhalt aller anderen Register kann verändert worden sein.

Interrupt 14h, Funktion 03h	BIOS
Serielle Schnittstelle: Status erfragen	

Fragt den Status der seriellen Schnittstelle und des evtl. angeschlossenen Modems ab.

Eingabe: AH = 03h
          DX = Nummer der seriellen Schnittstelle (die erste serielle
               Schnittstelle trägt die Nummer 0)

Ausgabe: AH = Status der seriellen Schnittstelle
               Bit 0: Daten stehen bereit
               Bit 1: Daten überschrieben
               Bit 2: Paritätsfehler
               Bit 3: Protokoll nicht eingehalten
               Bit 4: Unterbrechung entdeckt
               Bit 5: Transmission-Hold-Register leer
               Bit 6: Transmission-Shift-Register leer
               Bit 7: Time-Out
          AL = Modem-Status
               Bit 0: (Delta) Modem zum Senden bereit
               Bit 1: (Delta) Modem ist angeschaltet
               Bit 2: (Delta) Telefon läutet
               Bit 3: (Delta) Verbindung zum Empfänger-Modem
                      aufgebaut
               Bit 4: Modem zum Senden bereit
               Bit 5: Modem ist angeschaltet
               Bit 6: Telefon läutet
               Bit 7: Verbindung zum Empfänger-Modem aufgebaut

Bemerkungen:

► Die serielle Schnittstelle, die von DOS COM1 genannt wird, trägt die Nummer 0; COM2 die Nummer 1.

► Diese Funktion sollte immer vor Aufruf der Funktion 2 (Zeichen empfangen) aufgerufen werden, um festzustellen, ob ein Zeichen zum Empfang bereit steht. In diesem Fall ist das Bit 0 im AH-Register 1.

► Der Inhalt der Register BX, CX, DX, SI, DI, BP und der Segmentregister wird durch diese Funktion nicht verändert. Der Inhalt aller anderen Register kann verändert worden sein.

| Interrupt 15h, Funktion 83h | BIOS (nur AT) |
| Flag nach Zeitintervall setzen | |

Der Aufruf dieser Funktion bewirkt, daß das Bit 7 eines vom Aufrufer angegebenen Flags nach einer bestimmten Zeit, die in Mikrosekunden angegeben wird, auf 1 gesetzt wird.

Eingabe:　AH = 83h
　　　　　　　ES = Segmentadresse des Flags
　　　　　　　BX = Offsetadresse des Flags
　　　　　　　CX = Hi-Word der zu verstreichenden Mikrosekunden
　　　　　　　DX = Lo-Word der zu verstreichenden Mikrosekunden

Ausgabe:　keine

Bemerkungen:

► Eine Mikrosekunde ist eine Millionstelsekunde.

► Der Inhalt der Register BX, SI, DI, BP und der Segmentregister wird durch diese Funktion nicht verändert. Der Inhalt aller anderen Register kann verändert worden sein.

Sofern an den PC ein Spiele-Adapter mit den zugehörigen Joysticks angeschlossen ist, kann der Status der Feuerknöpfe abgefragt werden.

Eingabe: AH = 84h
DX = 0

Ausgabe: Carry-Flag = 1: kein Spiele-Adapater angeschlossen
Carry-Flag = 0: Spiele-Adapter vorhanden, in diesem Fall
AL = Status der Feuerknöpfe
    Bit 7 =1: erster Feuerknopf des ersten Joysticks gedrückt
    Bit 6 =1: zweiter Feuerknopf des ersten Joysticks gedrückt
    Bit 5 =1: erster Feuerknopf des zweiten Joysticks gedrückt
    Bit 4 =1: zweiter Feuerknopf des zweiten Joysticks gedrückt

Bemerkungen:

▶ Die Stellung der Joysticks kann mit der Unterfunktion 1 abgefragt werden.

▶ Der Inhalt der Register BX, CX, SI, DI, BP und der Segmentregister wird durch diese Funktion nicht verändert. Der Inhalt aller anderen Register kann verändert worden sein.

Sofern an den PC ein Spiele-Adapter mit den zugehörigen Joysticks angeschlossen ist, kann die Stellung der Joysticks abgefragt werden.

Eingabe: AH = 84h
DX = 1

Ausgabe: Carry-Flag = 1: kein Spiele-Adapater angeschlossen
Carry-Flag = 0: Spiele-Adapter vorhanden, in diesem Fall
AX = X-Stellung des ersten Joysticks
BX = Y-Stellung des ersten Joysticks
CX = X-Stellung des zweiten Joysticks
DX = Y-Stellung des zweiten Joysticks

Bemerkungen:

▸ Der Status der Feuerknöpfe kann über die Unterfunktion 0 abgefragt werden.

▸ Der Inhalt der Register SI, DI, BP und der Segmentregister wird durch diese Funktion nicht verändert. Der Inhalt aller anderen Register kann verändert worden sein.

Interrupt 15h, Funktion 85h   **BIOS (nur AT)**
SysReq-Taste betätigt

Wird die SysReq- bzw. die SystAnfr-Taste gedrückt oder losgelassen, dann wird diese Funktion von der Tastaturroutine aufgerufen.

Eingabe: AH = 85h
               AL = 0: Taste wurde gedrückt
               AL = 1: Taste wurde losgelassen

Ausgabe: keine

Bemerkungen:

▸ Diese Funktion ist nicht dazu gedacht, von einem Anwendungsprogramm aufgerufen zu werden, sondern kann von einem Anwendungsprogramm auf eine eigene Routine umgelegt werden, so daß die Betätigung der SysReq-Taste registriert wird und dadurch die entsprechenden Aktionen erfolgen können.

Interrupt 15h, Funktion 86h   **BIOS (nur AT)**
Warten

Nach Aufruf dieser Funktion wird die Kontrolle erst dann wieder an das aufrufende Programm übergeben, wenn eine bestimmte Zeit verstrichen ist.

Eingabe: AH = 86h
               CX = Hi-Word der Pause in Mikrosekunden
               DX = Lo-Word der Pause in Mikrosekunden

Ausgabe: keine

Bemerkungen:

▶ Eine Microsekunde ist eine Millionstelsekunde.

▶ Der Inhalt der Register BX, SI, DI, BP und der Segmentregister wird durch diese Funktion nicht verändert. Der Inhalt aller anderen Register kann verändert worden sein.

Interrupt 15h, Funktion 87h	BIOS (nur AT)
Speicherbereiche verschieben	

Diese Funktion ermöglicht es, eine bestimmte Anzahl von Speicherstellen zwischen dem RAM unterhalb der 1-MByte-Grenze und dem RAM über dieser Grenze zu verschieben.

Eingabe: AH = 87h
CX = Anzahl der zu verschiebenden Words
ES = Segmentadresse der Global Descriptor Table
SI = Offsetadresse der Global Descriptor Table

Ausgabe: Carry-Flag = 0: kein Fehler
Carry-Flag = 1: Fehler, in diesem Fall
AH = 1: RAM-Paritätsfehler
AH = 2: GDT bei Funktionsaufruf nicht in Ordnung
AH = 3: Protected-Modus konnte nicht richtig initialisiert werden

Bemerkungen:

▶ Es können nur Words, nicht aber einzelne Bytes übertragen werden.

▶ Maximal können 64 KByte übertragen werden. Der Wert im CX-Register darf dadurch nicht größer als 8000h sein.

▶ Während der Verschiebung des Speicherblocks werden alle Interrupts abgeschaltet.

▶ Der Inhalt der Register BX, CX, DX, SI, DI, BP und der Segmentregister wird durch diese Funktion nicht verändert. Der Inhalt aller anderen Register kann verändert worden sein.

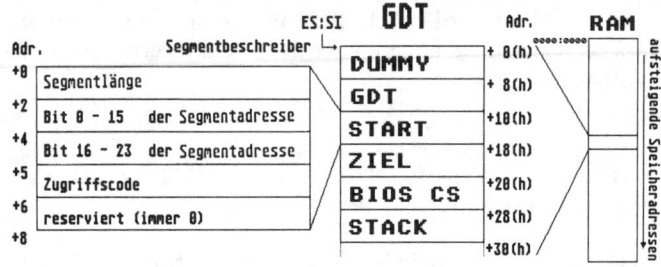

Abbildung: Aufbau und Anordnung der Segmentbeschreiber, wie sie die Funktion 87(h) erweitern

Interrupt 15h, Funktion 88h   **BIOS (nur AT)**
Speichergröße über 1 MByte ermitteln

Mit Hilfe dieser Funktion kann die Größe des hinter der 1-MByte-Grenze installierten Speichers festgestellt werden.

Eingabe: AH = 88h

Ausgabe: AX = Größe des Speichers

Bemerkungen:

▶ Die Angabe im AX-Register erfolgt in KByte.

▶ Die Größe des Speichers unter der 1-MByte-Grenze kann mit Hilfe des Interrupts 12h ermittelt werden.

▶ Der Inhalt der Register BX, CX, DX, SI, DI, BP und der Segmentregister wird durch diese Funktion nicht verändert. Der Inhalt aller anderen Register kann verändert worden sein.

120

Nach Aufruf dieser Funktion befindet sich der 80286-Prozessor im Protected-Modus.

Eingabe: AH = 89h

Ausgabe: keine

Bemerkungen:

▶ Diese Funktion sollte nur aufgerufen werden, wenn Ihnen die Arbeitsweise des Prozessors im Protected-Modus bekannt ist, da bei unsachgemäßem Umgang mit dieser Funktion leicht das System zum Absturz gebracht werden kann.

Die Funktion liest ein Zeichen aus dem Tastaturpuffer aus. Ist dort kein Zeichen abgespeichert, wartet die Funktion, bis ein Zeichen eingegeben wurde. Das ausgelesene Zeichen wird aus dem Tastaturpuffer entfernt.

Eingabe: AH = 00h

Ausgabe: AL = 0: erweiterter Tastaturcode, in diesem Fall
              AH = erweiterter Tastaturcode
                   ungleich 1: normale Taste betätigt, in diesem Fall
              AL = der ASCII-Code der Taste
              AH = Scan-Code der Taste

Bemerkungen:

▶ Während der ASCII-Code eines Zeichens unabhängig von der Tastatur definiert ist, gilt der Scan-Code nur für den Typ von Tastatur, die an den PC angeschlossen ist.

▶ Eine Beschreibung des ASCII-Zeichensatzes finden Sie auf den Seiten 20/21.

▶ Eine Liste der erweiterten Tastatur-Codes finden Sie auf der Seite 22.

▶ Der Inhalt der Register CX, DX, SI, DI, BP und der Segmentregister wird durch diese Funktion nicht verändert. Der Inhalt aller anderen Register kann verändert worden sein.

Interrupt 16h, Funktion 01h   BIOS
Tastatur: Zeichen vorhanden?

Diese Funktion stellt fest, ob ein Zeichen im Tastaturpuffer enthalten ist. Ist dem so, liefert sie dieses Zeichen an die aufrufende Funktion zurück. Das Zeichen wird allerdings nicht aus dem Tastaturpuffer entfernt, so daß es durch nochmaligen Aufruf der Funktion 1 oder 0 erneut ausgelesen werden kann. In jedem Fall kehrt die Funktion sofort nach ihrem Aufruf in das aufrufende Programm zurück.

Eingabe: AH = 01h

Ausgabe: Zero-Flag = 1: kein Zeichen im Tastaturpuffer
Zero-Flag = 0: Zeichen vorhanden, in diesem Fall
AL = 0: erweiterter Tastaturcode, in diesem Fall
AH = erweiterter Tastaturcode
ungleich 1: normale Taste, in diesem Fall
AL = ASCII-Code der Taste
AH = Scan-Code der Taste

Bemerkungen:

▶ Während der ASCII-Code eines Zeichens unabhängig von der Tastatur definiert ist, gilt der Scan-Code nur für den Typ von Tastatur, die an den PC angeschlossen ist.

▶ Eine Beschreibung des ASCII-Zeichensatzes finden Sie auf den Seiten 20/21.

▶ Eine Liste der erweiterten Tastatur-Codes finden Sie auf der Seite 22.

122

▶ Der Inhalt der Register CX, DX, SI, DI, BP und der Segmentregister wird durch diese Funktion nicht verändert. Der Inhalt aller anderen Register kann verändert worden sein.

Interrupt 16h, Funktion 02h   **BIOS**
Tastatur: Status der Tastatur erfragen

Die Stellung bestimmter Steuertasten und der Status verschiedener Tastaturmodi wird durch Aufruf dieser Funktion abgefragt.

Eingabe: AH = 02h

Ausgabe: AL = der Tastaturstatus

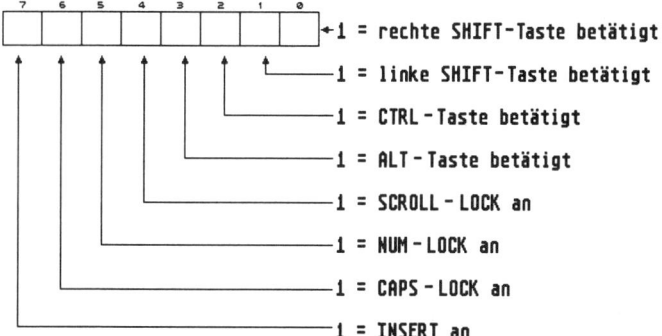

Abbildung: Der Tastaturstatus

Bemerkungen:

▶ Der Inhalt der Register BX, CX, DX, SI, DI, BP und der Segmentregister wird durch diese Funktion nicht verändert. Der Inhalt aller anderen Register kann verändert worden sein.

Durch Aufruf dieser Funktion wird ein Zeichen an einen der an den PC angeschlossenen Drucker gesandt.

Eingabe: AH = 00h
                AL = Code des auszugebenden Zeichens
                DX = Nummer des Druckers

Ausgabe: AH = der Druckerstatus

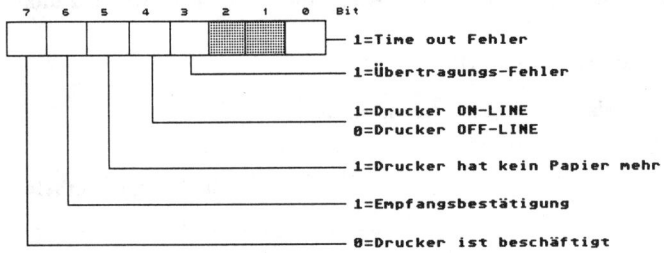

Abbildung: Der Druckerstatus

Bemerkungen:

▶ Der erste an den PC angeschlossene Drucker trägt die Nummer 0.

▶ Der Inhalt der Register BX, CX, DX, SI, DI, BP und der Segmentregister wird durch diese Funktion nicht verändert. Der Inhalt aller anderen Register kann verändert worden sein.

Durch Aufruf dieser Funktion wird einer der an den PC angeschlossenen Drucker initialisiert. Dies sollte jeweils vor der ersten Übertragung eines Zeichens an den entsprechenden Drucker geschehen.

Eingabe: AH = 01h
                DX = Nummer des Druckers

Ausgabe: AH = der Druckerstatus

Bemerkungen:

▸ Der erste an den PC angeschlossene Drucker trägt die Nummer 0.

▸ Der Inhalt der Register BX, CX, DX, SI, DI, BP und der Segmentregister wird durch diese Funktion nicht verändert. Der Inhalt aller anderen Register kann verändert worden sein.

Interrupt 17h, Funktion 02h   **BIOS**
(paralleler) Drucker: Status des Druckers erfragen

Die einzige Aufgabe dieser Funktion ist es, den Status eines der an den PC angeschlossenen Drucker zurückzuliefern.

Eingabe: AH = 02h
DX = Nummer des Druckers

Ausgabe: AH = der Druckerstatus

Bemerkungen:

▸ Der erste an den PC angeschlossene Drucker trägt die Nummer 0.

▸ Der Inhalt der Register BX, CX, DX, SI, DI, BP und der Segmentregister wird durch diese Funktion nicht verändert. Der Inhalt aller anderen Register kann verändert worden sein.

Interrupt 18h   **ROM-BASIC**
Aufruf des ROM-BASIC

Sofern der benutzte PC über ein im ROM abgelegtes BASIC verfügt, wird dieses durch den Aufruf dieses Interrupt gestartet.

Eingabe: keine

Ausgabe: keine

Bemerkungen:

▸ Viele der PC-Nachbauten verfügen nicht mehr über ein eingebautes ROM-BASIC. In einem solchen Fall kehrt der Interrupt 24 sofort in das aufrufende Programm zurück. Enthält der PC dagegen ein solches BASIC, kehrt der Interrupt 24 nicht mehr in das aufrufende Programm zurück. In das DOS gelangt man dann nur noch durch einen Warmstart des Rechners (ALT-Control-Delete) bzw. durch Aus- und Anschalten des Rechners.

Interrupt 19h   **BIOS**
Booten des Rechners

Nach Aufruf dieses Interrupts wird der Rechner gebootet.

Eingabe: keine

Ausgabe: keine

Bemerkungen:

▸ Dieser Interrupt wird auch von der Tastatur-Routine aufgerufen, wenn gleichzeitig die Tasten ALT, Control und Delete betätigt werden.

Interrupt 1Ah, Funktion 00h   **BIOS**
Datum und Zeit: Zeitzähler auslesen

Mit Hilfe dieser Funktion wird der Inhalt des Zeitzählers ausgelesen. Er wird 18,2mal in der Sekunde erhöht. Dadurch läßt sich über ihn die seit dem Anschalten des Rechners bzw. seit 0 Uhr vergangene Zeit berechnen.

Eingabe: AH = 00h

Ausgabe: CX = Hi-Word des Zeitzählers
DX = Lo-Word des Zeitzählers
AL = 0: Seit dem letzten Auslesen der Uhrzeit sind weniger als 24 Stunden vergangen.
ungleich 0: Seit dem letzten Auslesen der Uhrzeit sind mehr als 24 Stunden vergangen.

Bemerkungen:

▸ Der AT, der über eine batteriegepufferte Uhr verfügt, setzt beim Booten des Rechners den Zeitzähler auf die aktuelle Uhrzeit. PCs, die nicht über eine solche Uhr verfügen, setzen ihn beim Booten auf 0.

▸ Der Inhalt der Register BX, SI, DI, BP und der Segmentregister wird durch diese Funktion nicht verändert. Der Inhalt aller anderen Register kann verändert worden sein.

Interrupt 1Ah, Funktion 01h   **BIOS**
Datum und Zeit: Zeitzähler setzen

Mit Hilfe dieser Funktion wird der Inhalt des Zeitzählers gesetzt. Er wird 18,2mal in der Sekunde erhöht. Dadurch läßt sich über ihn die seit dem Anschalten des Rechners bzw. seit 0 Uhr vergangene Zeit berechnen bzw. mit Hilfe dieser Funktion einstellen.

Eingabe: AH = 01h
              CX = Hi-Word des Zeitzählers
              DX = Lo-Word des Zeitzählers

Ausgabe: keine

Bemerkungen:

▸ Der AT, der über eine batteriegepufferte Uhr verfügt, setzt beim Booten des Rechners den Zeitzähler auf die aktuelle Uhrzeit. PCs, die nicht über eine solche Uhr verfügen, setzen ihn beim Booten auf 0. Aus diesem Grund sollte bei diesen PCs die Zeit mit Hilfe dieser Funktion auf die aktuelle Uhrzeit gesetzt werden.

▸ Der Inhalt der Register AX, BX, CX, DX, SI, DI, BP und der Segmentregister wird durch diese Funktion nicht verändert. Der Inhalt aller anderen Register kann verändert worden sein.

Die Uhrzeit wird aus der batteriegepufferten Echtzeituhr ausgelesen. Da sie nur in den ATs vorhanden ist, wird diese Funktion auch nur von diesem PC-Typ unterstützt.

Eingabe: AH = 02h

Ausgabe: Carry-Flag = 0: o.k., in diesem Fall
                CH = Stunde
                CL = Minute
                DH = Sekunde
                Carry-Flag = 1: die Batterie der Uhr ist leer

Bemerkungen:

▶ Alle Angaben werden im BCD-Format zur Verfügung gestellt.

▶ Der Inhalt der Register BX, SI, DI, BP und der Segmentregister wird durch diese Funktion nicht verändert. Der Inhalt aller anderen Register kann verändert worden sein.

Die Uhrzeit der batteriegepufferten Echtzeituhr wird mit dieser Funktion gesetzt. Da sie nur in den ATs vorhanden ist, wird diese Funktion auch nur von diesem PC-Typ unterstützt.

Eingabe: AH = 03h
                CH = Stunde
                CL = Minute
                DH = Sekunde
                DL = 1: es ist Sommerzeit
                DL = 0: es ist keine Sommerzeit

Ausgabe: keine

Bemerkungen:

▶ Die Angaben der Stunde, der Minute und der Sekunde müssen im BCD-Format vorliegen.

▸ Der Inhalt der Register BX, SI, DI, BP und der Segmentregister wird durch diese Funktion nicht verändert. Der Inhalt aller anderen Register kann verändert worden sein.

Das aktuelle Datum, das im RAM-Speicher der batteriegepufferten Echtzeituhr gespeichert ist, wird mit dieser Funktion ausgelesen. Diese Funktion wird nur vom AT unterstützt.

Eingabe: AH = 04h

Ausgabe: Carry-Flag = 0: o.k., in diesem Fall
               CH = Jahrhundert (19 oder 20)
               CL = Jahr
               DH = Monat
               DL = Tag
               Carry-Flag = 1: die Batterie der Uhr ist leer

Bemerkungen:

▸ Alle Angaben, die von der Funktion zurückgeliefert werden, erfolgen im BCD-Format.

▸ Der Inhalt der Register BX, SI, DI, BP und der Segmentregister wird durch diese Funktion nicht verändert. Der Inhalt aller anderen Register kann verändert worden sein.

Das aktuelle Datum, das im RAM-Speicher der batteriegepufferten Echtzeituhr gespeichert wird, wird mit dieser Funktion gesetzt. Da sie nur in den ATs vorhanden ist, wird diese Funktion auch nur von ihnen unterstützt.

Eingabe: AH = 05h
               CH = Jahrhundert (19 oder 20)
               CL = Jahr

```
        DH  =  Monat
        DL  =  Tag
```

Ausgabe: keine

Bemerkungen:

▶ Alle Angaben, die der Funktion übergeben werden, müssen im BCD-Format kodiert sein.

▶ Der Inhalt der Register BX, CX, SI, DI, BP und der Segmentregister wird durch diese Funktion nicht verändert. Der Inhalt aller anderen Register kann verändert worden sein.

Interrupt 1Ah, Funktion 06h   **BIOS (nur AT)**
Datum und Zeit: Alarmzeit setzen

Eine Alarmzeit, die sich immer auf den aktuellen Tag bezieht, kann mit Hilfe dieser Funktion gesetzt werden. Bei Erreichen dieser Zeit wird der Interrupt 4Ah ausgelöst. Die batteriegepufferte Echtzeituhr ist nur in den ATs vorhanden ist.

Eingabe: AH = 06h
               CH = Stunde
               CL = Minute
               DH = Sekunde

Ausgabe: Carry-Flag = 0: o.k.
               Carry-Flag = 1: Entweder ist die Batterie der Uhr leer, oder
                              es ist bereits eine Alarmzeit programmiert.

Bemerkungen:

▶ Alle Angaben, die der Funktion übergeben werden, müssen im BCD-Format kodiert sein.

▶ Der Interrupt 4Ah wird beim Booten auf einen Maschinensprache-IRET-Befehl gelegt. Wird er nicht auf eine spezielle Routine umgelegt, geschieht dadurch bei Erreichen der Alarmzeit nichts.

- Es kann immer nur eine Alarmzeit gleichzeitig aktiv sein. Ist bereits eine Alarmzeit programmiert, muß diese zunächst mit Hilfe der Funktion 7 gelöscht werden.

- Der Inhalt der Register BX, CX, SI, DI, BP und der Segmentregister wird durch diese Funktion nicht verändert. Der Inhalt aller anderen Register kann verändert worden sein.

Interrupt 1Ah, Funktion 07h   BIOS (nur AT)
Datum und Zeit: Alarmzeit löschen

Mit Hilfe dieser Funktion kann eine einprogrammierte Alarmzeit wieder gelöscht werden. Bei Erreichen dieser Zeit wird dann kein Alarm mehr ausgelöst (nur AT).

Eingabe: AH = 07h

Ausgabe: keine

Bemerkungen:

- Diese Funktion muß auch immer dann aufgerufen werden, wenn die Alarmzeit geändert werden soll. In diesem Fall kann erst nach Aufruf dieser Funktion durch Aufruf der Funktion 6 eine neue Alarmzeit programmiert werden.

- Der Inhalt der Register BX, CX, SI, DI, BP und der Segmentregister wird durch diese Funktion nicht verändert. Der Inhalt aller anderen Register kann verändert worden sein.

Interrupt 1Bh   BIOS/DOS
Tastatur: Break-Taste betätigt

Wann immer die Break-Taste (Control + Break) betätigt wird, wird dies durch die Tastatur-Routine des BIOS registriert. Sie löst daraufhin den Interrupt 27 aus. Zwar wird er vom BIOS beim Booten des Systems auf einen

IRET-Befehl gelegt, so daß sein Aufruf keinerlei Wirkung hat, doch legt ihn das DOS auf eine eigene Routine um.

Die einzige Aufgabe dieser Routine ist es dabei, ein Flag zu setzen, um die Betätigung der Break-Taste zu signalisieren. Erst wenn eine der DOS-Funktionen zur Zeichen-Ein- oder Ausgabe aufgerufen wird, wird dieses Flag getestet. Wird dadurch die Betätigung der Break-Taste entdeckt, wird das aktuell bearbeitete Programm abgebrochen bzw. während der Ausführung einer Batch-Datei gefragt, ob deren Abarbeitung abgebrochen werden soll.

Dieser Interrupt wird allerdings nicht aufgerufen, wenn gleichzeitig die Control- und die Taste C betätigt wird. Zwar veranlaßt auch diese Tastenkombination das DOS zum Abbruch des aktuell abgearbeiteten Programms, doch ist die Entdeckung dieser Tastenkombination die Aufgabe der DOS-Funktionen zur Zeichen-Ein- und -Ausgabe.

Sie können diesen Interrupt selbstverständlich auf eine eigene Routine legen, um z.B. dadurch den Abbruch eines Programms durch Betätigung der Break-Taste zu unterbinden.

Eingabe: keine

Ausgabe: keine

Bemerkungen:

▶ Dieser Interrupt muß vor Rückgabe der Kontrolle an das aufrufende Programm dafür Sorge tragen, daß alle Register den gleichen Wert beinhalten wie bei seinem Aufruf.

Interrupt 1Ch	BIOS
Periodischer Interrupt	

Der Interrupt 8 wird vom Timer-IC 18,2 (genau: 18,2064819336) mal in der Sekunde aufgerufen. Nach Beendigung seiner Arbeit ruft er den Interrupt 28 auf, um einem Anwenderprogramm die Möglichkeit zu geben, aus den zyklischen Signalen des Timer-ICs Nutzen zu ziehen. Das BIOS initialisiert den Interrupt-Vektor des Interrupts

28 beim Booten so, daß er auf einen IRET-Befehl zeigt, so daß der Aufruf dieses Interrupts keinerlei Aktionen nach sich zieht. Sie können diesen Interrupt jedoch auf eine eigene Routine umlegen, z.B. um mit ihm eine auf dem Bildschirm angezeigte Uhr zu realisieren.

Eingabe: keine

Ausgabe: keine

Bemerkungen:

► Dieser Interrupt muß vor Rückgabe der Kontrolle an das aufrufende Programm dafür Sorge tragen, daß alle Register den gleichen Wert beinhalten wie bei seinem Aufruf.

Pointer-Interrupts

Dieser Interrupt wird nicht zum Aufruf einer Funktion des BIOS oder des DOS genutzt, sondern dient als Zeiger auf eine Tabelle. Aus diesem Grund zeigt der zugehörige Interrupt-Vektor an der Adresse 0000:0074 nicht auf eine Routine des BIOS oder des DOS, sondern nimmt unmittelbar die Adresse dieser Tabelle auf. Es handelt sich bei der Tabelle um eine Ansammlung von Parametern, die das BIOS zur Initialisierung der verschiedenen Videomodi benötigt. Es geht dabei von den 16 zu programmierbaren Speicherstellen einer Videokarte aus, deren Herz ein 6845-Videoprozessor bildet. Aus diesem Grund besteht die Tabelle, die Teil des ROM-BIOS ist, aus jeweils 16 aufeinanderfolgenden Bytes, die den Inhalt der einzelnen Register für einen bestimmten Videomodus wiedergeben. Das erste der jeweils 16 Byte wird in das erste Register des 6845 kopiert, das zweite Byte in das zweite Register usw. Die im ROM vorgegebene Tabelle enthält insgesamt 4 16-Byte-Einträge. Der erste Einträg enthält die Parameter für den 40*25-, der zweite für den 80*25-Zeichen-Modus der Color-Karte. Es folgen ein Parameter-Satz für den 80*25-Zeichen-Modus der Monochrom-Karte und die Parameter für die verschiedenen Grafik-Modi der Color-Karte.

Dieser Interrupt sollte selbstverständlich nicht aufgerufen werden, da sonst die Video-Tabelle als ausführbarer Code betrachtet und ausgeführt wird, was nur einen Absturz des Systems zur Folge haben kann.

Eingabe: keine

Ausgabe: keine

Der Interrupt-Vektor dieses Interrupts (an der Adresse
0000:0078) zeigt nicht auf eine Funktion des DOS oder des
BIOS, sondern nimmt die Adresse der sogenannten Laufwerkstabelle auf. Sie enthält eine ganze Reihe von Parametern, die der Programmierung bzw. Einstellung des
Controllers der Diskettenlaufwerke dienen. Zwar gibt das
BIOS hier eine Tabelle im ROM vor, doch installiert das
DOS bei seiner Initialisierung eine eigene Tabelle, indem
sie deren Adresse in den Interrupt-Vektor dieses Interr-
rupts einträgt.

Dieser Interrupt sollte selbstverständlich nicht aufgerufen
werden, da sonst die Laufwerkstabelle als ausführbarer
Code betrachtet und ausgeführt wird, was nur einen Absturz des Systems zur Folge haben kann.

Eingabe: keine

Ausgabe: keine

Auch hinter diesem Interrupt verbirgt sich keine ausführ-
bare Routine, sondern die Adresse der sogenannten
Zeichen-Tabelle. Das BIOS benötigt diese Tabelle, um auch
im Grafikmodus Zeichen auf dem Bilschirm ausgeben zu
können. Da in diesem Modus die Zeichen nicht mehr vom
Video-Controller direkt erzeugt werden, müssen sie hier
durch Ansteuerung jedes einzelnen (Grafik-) Punktes aufgebaut werden. Dazu aber benötigt das BIOS das Bitmuster
jedes einzelnen Zeichens. Da das ROM (aus Platzgründen)
jedoch nur die Bitmuster der Zeichen mit den Codes von 0
bis 127 enthält, müssen die Bitmuster der übrigen Zeichen
aus einer Tabelle im RAM gewonnen werden. Die Erstellung einer solchen Tabelle muß jedoch nicht der Anwender
auf sich nehmen, gibt das DOS doch speziell hierfür den

Befehl GRAFTABL vor. Er lädt eine solche Tabelle ein und speichert deren Adresse im Interrupt-Vektor dieses Interrupts an der Adresse 0000:007C ab.

Dieser Interrupt sollte selbstverständlich nicht aufgerufen werden, da sonst die Zeichen-Tabelle als ausführbarer Code betrachtet und ausgeführt wird, was nur einen Absturz des Systems zur Folge haben kann.

Eingabe: keine

Ausgabe: keine

DOS-Interrupts

Durch Aufruf dieser Funktion wird dem Betriebssystem
mitgeteilt, daß die Ausführung des aktuell abgearbeiteten
Programms beendet und die Kontrolle wieder an das aufrufende Programm übergeben werden soll. Bevor dies jedoch geschieht, werden zunächst die drei Interrupt-Vektoren, deren Inhalt vor Aufruf des Programms im PSP gespeichert worden ist, wieder restauriert. Falls das Programm
diese Vektoren auf eigene Routinen verbogen hat, können
sie nicht von einem anderen Programm überschrieben werden, wird doch der von dem zu beendenden Programm belegte RAM-Speicher wieder für andere Programme freigegeben. Vor Übergabe der Kontrolle an das aufrufende Programm wird dann eben dieser Speicher wieder freigegeben,
und alle Dateipuffer werden geleert.

Eingabe: CS = Segmentadresse des PSP

Ausgabe: keine

Bemerkungen:

▶ Während bei einem COM-Programm die Segmentadresse
  des PSP sowieso im CS-Register gespeichert ist, ist es
  innerhalb eines EXE-Programms nicht ganz einfach, die
  Segmentadresse des PSP in das CS-Register zu laden. Da
  nämlich der Code und der PSP in unterschiedlichen
  Segmenten angesiedelt sind, muß die Adresse des PSP in
  das CS-Register geladen werden. Damit wird dann aber
  auch der Code in einem ganz anderen Segment ausgeführt, und es wird wohl nicht mehr möglich sein, den
  Interrupt 32 aufzurufen. Man kann sich jedoch dadurch
  behelfen, daß man zunächst den Wert 0 und danach die
  Segmentadresse des PSP auf den Stack pusht. Führt man
  dann einen FAR-RETURN-Befehl aus, wird die
  Programmausführung dadurch in dem PSP-Segment an
  der Offsetadresse 0 fortgeführt. Dort jedoch ist ein Befehl zum Aufruf des Interrupts 32 abgespeichert, wodurch das Programm beendet wird.

▶ Anstatt dieser Funktion sollten die Funktionen 31h oder 4Ch des DOS-Interrupts 21h zur Beendigung eines Programms aufgerufen werden.

Durch Aufruf dieser Funktion wird dem Betriebssystem mitgeteilt, daß die Ausführung des aktuell abgearbeiteten Programms beendet und die Kontrolle wieder an das aufrufende Programm übergeben werden soll. Bevor dies jedoch geschieht, werden zunächst die drei Interrupt-Vektoren, deren Inhalt vor Aufruf des Programms im PSP gespeichert worden ist, wieder restauriert. Falls das Programm diese Vektoren auf eigene Routinen verbogen hat, können sie nicht von einem anderen Programm überschrieben werden, wird doch der von dem zu beendenden Programm belegte RAM-Speicher wieder für andere Programme freigegeben. Vor Übergabe der Kontrolle an das aufrufende Programm wird dann dieser Speicher wieder freigegeben, und alle Dateipuffer werden geleert.

Eingabe: AH = 00h
CS = Segmentadresse des PSP

Ausgabe: keine

Bemerkungen:

▶ Während bei einem COM-Programm die Segmentadresse des PSP sowieso im CS-Register gespeichert ist, sind in EXE-Programmen der Code und der PSP in unterschiedlichen Segmenten angesiedelt. Dadurch ist es nicht möglich, diese Funktion von einem EXE-Programm aus aufzurufen.

▶ Anstatt dieser Funktion sollten die Funktionen 31h oder 4Ch des DOS-Interrupts 21h zur Beendigung eines Programms aufgerufen werden.

Ein Zeichen wird vom Standard-Eingabegerät ausgelesen und auf dem Standard-Ausgabegerät ausgegeben. Steht zum Zeitpunkt des Funktionsaufrufs noch kein Zeichen bereit, wartet die Funktion, bis ein Zeichen verfügbar ist. Da die Standard-Ein- und -Ausgabe umgeleitet werden können, liest die Funktion nicht unbedingt ein Zeichen von der Tastatur ein und gibt es auf dem Bildschirm aus. Vielmehr können die eingelesenen Zeichen auch von einem anderen Gerät oder aus einer Datei stammen. In diesem Fall wird jedoch bei Erreichen des Datei-Endes die Eingabe nicht wieder auf die Tastatur umgeleitet, so daß die Funktion weiter versucht, Zeichen aus der Datei zu lesen, was jedoch nicht möglich ist.

Eingabe: AH = 01h

Ausgabe: AL = das eingelesene Zeichen

Bemerkungen:

▸ Werden erweiterte Tastatur-Codes eingelesen, wird zunächst der Code 0 im AL-Register zurückgeliefert. Die Funktion muß dann erneut aufgerufen werden, um den eigentlichen Code zu lesen.

▸ Wenn das eingelesene Zeichen das Zeichen Control-C (ASCII-Code 3) ist, wird der Interrupt 23h aufgerufen.

▸ Der Inhalt der Register AH, BX, CX, DX, SI, DI, BP, CS, DS, SS, ES und des Flag-Registers wird durch diese Funktion nicht verändert.

Durch Aufruf dieser Funktion wird ein Zeichen auf dem Standard-Ausgabegerät ausgegeben. Da dieses Gerät umgeleitet werden kann, muß das Zeichen nicht unbedingt auf dem Bildschirm ausgegeben werden, sondern kann auch an ein anderes Gerät oder an eine Datei gesandt werden. Wenn allerdings das Medium (Diskette, Festplatte), auf dem sich die Datei befindet, bereits voll ist, wird das von der Funktion nicht erkannt und weiterhin versucht, Zeichen in diese Datei zu schreiben.

Eingabe: AH = 02h
DL = Code des auszugebenden Zeichens

Ausgabe: keine

Bemerkungen:

▶ Sofern die Zeichen an den Bildschirm gesandt werden, werden die Steuercodes wie Backspace, Carriage-Return und Linefeed als solche behandelt. Wird die Ausgabe hingegen in eine Datei umgeleitet, werden sie dort als ganz normale ASCII-Codes gespeichert.

▶ Nach der Ausgabe des Zeichens testet DOS, ob in der Zwischenzeit ein Control-C-Zeichen (ASCII-Code 3) empfangen bzw. eingegeben worden ist. In diesem Fall wird der Interrupt 23h aufgerufen.

▶ Der Inhalt keines der Prozessor-Register wird durch diese Funktion verändert. Dies gilt auch für das Flag-Register.

Interrupt 21h, Funktion 03h **DOS**
Empfang eines Zeichens von der seriellen Schnittstelle

Durch Aufruf dieser Funktion wird ein Zeichen von der seriellen Schnittstelle eingelesen. Sofern diese nicht durch den MODE-Befehl umgeleitet worden ist, wird dabei auf das Gerät mit der Bezeichnung COM1 zugegriffen.

Eingabe: AH = 03h

Ausgabe: AL = das empfangene Zeichen

Bemerkungen:

▶ Da die serielle Schnittstelle über keinen internen Puffer verfügt, kann es sein, daß die serielle Schnittstelle schneller Zeichen empfängt, als diese durch den Aufruf dieser Funktion ausgelesen werden können. Diese Zeichen gehen dann verloren.

▶ Die Kommunikationsparameter (Baud-Rate, Anzahl der Stop-Bits etc.) müssen zuvor über den MODE-Befehl eingestellt werden. DOS gibt sonst als Default-Werte eine Baud-Rate von 2400 bei einem Stop-Bit ohne Paritätsprüfung und einer Datenlänge von 8 Bits vor.

▶ Anstelle dieser Funktion sollte besser auf die Funktionen des BIOS zum Zugriff auf die serielle Schnittstelle zurückgegriffen werden. Sie sind über den Interrupt 14h aufrufbar und bieten eine größere Flexibilität als die DOS-Funktionen, zumal mit ihrer Hilfe auch der Status der seriellen Schnittstelle abgefragt werden kann.

▶ Wird ein Control-C-Zeichen (ASCII-Code 3) empfangen, wird der Interrupt 23h aufgerufen.

▶ Der Inhalt der Register AH, BX, CX, DX, SI, DI, BP, CS, DS, SS, ES und des Flag-Registers wird durch diese Funktion nicht verändert.

Interrupt 21h, Funktion 04h   **DOS**
Ausgabe eines Zeichens auf die serielle Schnittstelle

Durch Aufruf dieser Funktion wird ein Zeichen von der seriellen Schnittstelle eingelesen. Sofern diese nicht durch den MODE-Befehl umgeleitet worden ist, wird dabei auf das Gerät mit der Bezeichnung COM1 zugegriffen.

Eingabe: AH = 04h
            DL = das auszugebende Zeichen

Ausgabe: keine

Bemerkungen:

▶ Das Zeichen wird erst ausgegeben, wenn das Gerät, das das Zeichen empfangen soll, signalisiert, daß es zum Empfang bereit ist. Erst danach wird die Kontrolle an das aufrufende Programm zurückgegeben.

▶ Die Kommunikationsparameter (Baud-Rate, Anzahl der Stop-Bits etc.) müssen zuvor über den MODE-Befehl eingestellt werden. DOS gibt sonst als Default-Werte eine Baud-Rate von 2400 bei einem Stop-Bit ohne Paritätsprüfung und einer Datenlänge von 8 Bits vor.

▶ Anstelle dieser Funktion sollte besser auf die Funktionen des BIOS zum Zugriff auf die serielle Schnittstelle zurückgegriffen werden. Sie sind über den Interrupt 14h aufrufbar und bieten eine größere Flexibilität als die DOS-Funktionen, zumal mit ihrer Hilfe auch der Status der seriellen Schnittstelle abgefragt werden kann.

▶ Wird ein Control-C-Zeichen (ASCII-Code 3) ausgegeben, wird der Interrupt 23h aufgerufen.

▶ Der Inhalt keines der Prozessor-Register wird durch diese Funktion verändert. Dies gilt auch für das Flag-Register.

Interrupt 21h, Funktion 05h   **DOS**
Ausgabe eines Zeichens auf dem Drucker

Mit Hilfe dieser Funktion wird ein Zeichen auf dem Drucker ausgegeben. Sofern nicht durch den MODE-Befehl umgeleitet, wird dabei das Gerät mit der Bezeichnung LPT1 (identisch mit PRN) angesprochen.

Eingabe: AH = 05h
                DL = Code des auszugebenden Zeichens

Ausgabe: keine

Bemerkungen:

▶ Das Zeichen wird erst ausgegeben, wenn der Drucker Empfangsbereitschaft signalisiert. Erst danach wird die Kontrolle an das aufrufende Programm zurückgegeben.

▶ Wird ein Control-C-Zeichen (ASCII-Code 3) entdeckt, wird der Interrupt 23h aufgerufen.

▶ Größere Flexibilität bei der Ausgabe von Zeichen auf dem Drucker bieten die BIOS-Funktionen zur Kommunikation mit dem Drucker, die über den Interrupt 17h aufgerufen werden können.

▶ Der Inhalt keines der Prozessor-Register wird durch diese Funktion verändert. Dies gilt auch für das Flag-Register.

Interrupt 21h, Funktion 06h	DOS
Direkte Zeichen-Ein-/-Ausgabe	

Mit Hilfe dieser Funktion können Zeichen auf dem Standard-Ausgabegerät ausgegeben oder vom Standard-Eingabegerät eingelesen werden. Das jeweils empfangene oder geschriebene Zeichen wird dabei nicht vom Betriebssystem überprüft, so daß z.B. bei dem Auftreten eines Control-C-Zeichens nichts passiert. Da die Standard-Ein- und -Ausgabe auf andere Geräte oder in eine Datei umgeleitet werden kann, müssen die ausgegebenen Zeichen nicht auf dem Bildschirm erscheinen bzw. die eingelesenen Zeichen nicht von der Tastatur stammen. Wenn allerdings auf eine Datei zugegriffen wird, ist es für das aufrufende Programm unmöglich festzustellen, ob bereits alle Zeichen aus dieser Datei gelesen sind bzw. ob das Medium, auf dem sich die Datei befindet (Diskette, Festplatte), bereits voll ist.

Bei der Eingabe eines Zeichens wird dabei nicht gewartet, bis ein Zeichen bereitsteht, sondern in jedem Fall wird sofort wieder in das aufrufende Programm zurückgesprungen.

Eingabe: AH = 06h
DL = 0 - 254: dieses Zeichen ausgeben
DL = 255: ein Zeichen einlesen

Ausgabe: bei der Zeichenausgabe: keine
bei der Zeicheneingabe:
Zero-Flag = 1: es steht kein Zeichen bereit
Zero-Flag = 0: eingelesenes Zeichen befindet sich im AL-
Register

Bemerkungen:

▶ Werden erweiterte Tastatur-Codes eingelesen, wird zunächst der Code 0 im AL-Register zurückgeliefert. Die Funktion muß dann erneut aufgerufen werden, um den eigentlichen Code zu lesen.

▶ Das Zeichen mit dem ASCII-Code 255 kann mit Hilfe dieser Funktion nicht ausgegeben werden, da es als Befehl zur Eingabe eines Zeichens verstanden wird.

▶ Der Inhalt der Register AH, BX, CX, DX, SI, DI, BP, CS, DS, SS und ES wird durch diese Funktion nicht verändert.

Interrupt 21h, Funktion 07h   **DOS**
Direkte Zeichen-Eingabe ohne Ausgabe

Ein Zeichen wird vom Standard-Eingabegerät gelesen, ohne allerdings auf dem Standard-Ausgabegerät ausgegeben zu werden. Steht zum Zeitpunkt des Funktionsaufrufs kein Zeichen zur Verfügung, wartet die Funktion, bis ein Zeichen verfügbar ist.

Das empfangene Zeichen wird dabei nicht vom Betriebssystem überprüft, so daß z.B. bei dem Auftreten eines Control-C-Zeichens nichts passiert.

Da die Standard-Eingabe auf ein anderes Gerät oder auf eine Datei umgeleitet werden kann, muß das eingelesene Zeichen nicht unbedingt der Tastatur entstammen. Werden die übergebenen Zeichen einer Datei entnommen, so gibt es für das aufrufende Programm keine Möglichkeit festzustellen, ob bereits alle Zeichen aus dieser Datei ausgelesen sind, das Dateiende also schon erreicht ist.

Eingabe: AH = 07h

Ausgabe: AL = das eingelesene Zeichen

Bemerkungen:

▶ Werden erweiterte Tastatur-Codes eingelesen, wird zunächst der Code 0 im AL-Register zurückgeliefert. Die Funktion muß dann erneut aufgerufen werden, um den eigentlichen Code zu lesen.

▶ Der Inhalt der Register AH, BX, CX, DX, SI, DI, BP, CS, DS, SS, ES und des Flag-Registers wird durch diese Funktion nicht verändert.

Interrupt 21h, Funktion 08h   **DOS**
Zeichen-Eingabe ohne Ausgabe

Ein Zeichen wird vom Standard-Eingabegerät gelesen, ohne allerdings auf dem Standard-Ausgabegerät ausgegeben zu werden. Steht zum Zeitpunkt des Funktionsaufrufs kein Zeichen zur Verfügung, wartet die Funktion, bis ein Zeichen verfügbar ist.

Da die Standard-Eingabe auf ein anderes Gerät oder in eine Datei umgeleitet werden kann, muß das eingelesene Zeichen nicht unbedingt der Tastatur entstammen. Werden die übergebenen Zeichen einer Datei entnommen, so gibt es für das aufrufende Programm keine Möglichkeit festzustellen, ob bereits alle Zeichen aus dieser Datei ausgelesen sind, das Dateiende also schon erreicht ist.

Eingabe: AH = 08h

Ausgabe: AL = das eingelesene Zeichen

Bemerkungen:

▶ Werden erweiterte Tastatur-Codes eingelesen, wird zunächst der Code 0 im AL-Register zurückgeliefert. Die Funktion muß dann erneut aufgerufen werden, um den eigentlichen Code zu lesen.

▶ Wird bei Aufruf dieser Funktion ein Control-C-Zeichen entdeckt, wird der Interrupt 23h aufgerufen.

► Der Inhalt der Register AH, BX, CX, DX, SI, DI, BP, CS, DS, SS, ES und des Flag-Registers wird durch diese Funktion nicht verändert.

Interrupt 21h, Funktion 09h   DOS
Ausgabe einer Zeichenkette

Durch Aufruf dieser Funktion wird eine Zeichenkette auf dem Standard-Ausgabegerät ausgegeben. Da dieses Gerät auf ein anderes Gerät oder in eine Datei umgeleitet werden kann, besteht keine Gewähr dafür, daß die Zeichenkette auf dem Bildschirm erscheint. Falls die Ausgabe in eine Datei umgeleitet wird, besteht für das aufrufende Programm keine Möglichkeit festzustellen, ob das Medium (Diskette, Festplatte), auf dem sich die Datei befindet, bereits voll ist und dadurch die Zeichenkette nicht mehr in die Datei geschrieben werden kann.

Eingabe: AH = 09h
DS = Segmentadresse der Zeichenkette
DX = Offsetadresse der Zeichenkette

Ausgabe: keine

Bemerkungen:

► Die Zeichenkette muß im Speicher als eine Folge von Bytes gespeichert sein, die jeweils den ASCII-Code des auszugebenden Zeichens enthalten. Das Ende der Zeichenkette wird dem DOS durch ein "$"-Zeichen (ASCII-Code 36) signalisiert.

► Enthält die Zeichenkette Steuercodes wie Backspace, Carriage-Return oder Linefeed, werden diese auch als solche behandelt.

► Der Inhalt keines der Prozessor-Register wird durch diese Funktion verändert. Dies gilt auch für das Flag-Register.

146

Durch Aufruf dieser Funktion wird eine bestimmte Anzahl von Zeichen von dem Standard-Eingabegerät ausgelesen und in einen Puffer übertragen. Die Eingabe wird dabei beendet, wenn die Return-Taste betätigt wird. Der Code dieser Taste (13) wird dann als letztes Zeichen in den Puffer eingetragen.

Da die Standard-Eingabe auf ein anderes Gerät oder in eine Datei umgeleitet werden kann, müssen die eingelesenen Zeichen nicht unbedingt der Tastatur entstammen. Werden die übergebenen Zeichen einer Datei entnommen, so gibt es für das aufrufende Programm keine Möglichkeit festzustellen, ob bereits alle Zeichen aus dieser Datei ausgelesen sind, das Dateiende also schon erreicht ist.

Eingabe: AH = 0Ah
           DS = Segmentadresse des Puffers
           DX = Offsetadresse des Puffers

Ausgabe: keine

Bemerkungen:

▸ Das erste Byte des Puffers nimmt die maximale Anzahl von Zeichen (inklusive des Carriage-Return am Ende) auf, die in den Puffer ab der Speicherstelle 2 eingelesen werden können. Es muß von dem aufrufenden Programm vor Aufruf der Funktion in den Puffer eingetragen werden, damit die Funktion weiß, wie viele Zeichen sie maximal einlesen darf.

▸ In die Speicherstelle 1 trägt DOS nach Beendigung der Eingabe die Anzahl der eingelesenen Zeichen exklusive des Carriage-Return ein.

▸ Der Puffer muß damit die Anzahl der einzulesenden Zeichen plus 2 Bytes lang sein.

▸ Wird die vorletzte Speicherstelle des Puffers erreicht, wird bei der Eingabe von weiteren Zeichen ein Piepston ausgegeben und nur noch das Return-Zeichen als Abschluß der Eingabe akzeptiert.

147

- Erweiterte Tastatur-Codes belegen im Puffer zwei Bytes. Das erste Byte enthält den Code 0 und das zweite den Code der erweiterten Taste.

- Wird während der Eingabe ein Control-C-Zeichen entdeckt, wird der Interrupt 23h aufgerufen.

- Die Eingabe kann mit Hilfe der Backspace- und der Cursor-Tasten editiert werden, ohne daß diese Tasten im Puffer abgespeichert werden.

- Der Inhalt keines der Prozessor-Register wird durch diese Funktion verändert. Dies gilt auch für das Flag-Register.

| Interrupt 21h, Funktion 0Bh | DOS |
| Lese Eingabe-Status | |

Mit Hilfe dieser Funktion kann festgestellt werden, ob Zeichen auf dem Standard-Eingabegerät bereitstehen, um eingelesen zu werden.

Eingabe: AH = 0Bh

Ausgabe: AL = 0: kein Zeichen verfügbar
AL = 255: es stehen ein oder mehrere Zeichen zum Lesen
bereit

Bemerkungen:

- Wird ein Control-C-Zeichen entdeckt, wird der Interrupt 23h aufgerufen.

- Der Inhalt der Register AH, BX, CX, DX, SI, DI, BP, CS, DS, SS, ES und des Flag-Registers wird durch diese Funktion nicht verändert.

Diese Funktion löscht zunächst den Eingabepuffer und ruft danach eine der Funktionen zur Zeichen-Eingabe auf. Da die Funktionen zur Zeichen-Eingabe allesamt ihre Zeichen vom Standard-Eingabegerät beziehen und dieses nicht unbedingt die Tastatur sein muß, ist das Löschen des Eingabepuffers nur dann von Bedeutung, wenn das Standard-Eingabegerät die Tastatur ist. In diesem Fall kann es nämlich sein, daß vor dem Funktionsaufruf Zeichen eingegeben worden sind, diese aber noch nicht von einer Funktion ausgelesen worden sind. Sie werden dann gelöscht, um zu garantieren, daß die nachfolgend aufgerufene Funktion nur Zeichen empfängt, die während ihres Aufrufs eingegeben werden.

Eingabe: AH = 0Ch
              AL = Nummer der aufzurufenden Funktion
                      bei Aufruf der Funktion 10:
              DS = Segmentadresse des Eingabepuffers
              DX = Offsetadresse des Eingabepuffers

Ausgabe: für die Funktionen 1, 6, 7 und 8:
              AL = das eingelesene Zeichen
                 für die Funktion 10: keine

Bemerkungen:

▸ Die Funktionsnummern 1, 6, 7, 8 und 10 dürfen der Funktion als aufzurufende Funktionen übergeben werden.

▸ Der Inhalt der Register AH, BX, CX, DX, SI, DI, BP, CS, DS, SS, ES und des Flag-Registers wird durch diese Funktion nicht verändert.

Durch den Aufruf werden alle Daten, die an einen Blocktreiber übertragen werden sollen, bisher aber in einem internen Puffer des DOS abgespeichert waren, an das entsprechende Gerät (Diskette, Festplatte) übertragen. Dabei

→ INTERFACE   HPT-SP-PUFFER   ←→CONTROLLER

werden die offenen Dateien (Handles bzw. FCBs) jedoch
nicht geschlossen.

Eingabe: AH = 0Dh

Ausgabe: keine

Bemerkungen:

▶ Trotz dieses Funktionsaufrufs müssen alle geöffneten
Dateien ordnungsgemäß geschlossen werden. Sonst kann
es passieren, daß der jeweilige Directory-Eintrag der
Dateien nicht auf den neuesten Stand gebracht wird und
dadurch auf neu in die Datei geschriebene Daten nicht
zugegriffen werden kann.

▶ Der Inhalt keines der Prozessor-Register wird durch
diese Funktion verändert. Dies gilt auch für das Flag-
Register.

Interrupt 21h, Funktion 0Eh   **DOS**
Auswahl des aktuellen Laufwerks

Mit diesem Funktionsaufruf wird das aktuelle Laufwerk
definiert. Seine Bezeichnung erscheint dann als Prompt auf
dem Bildschirm, wenn der Kommando-Interpreter Ein-
gaben vom Benutzer erwartet. Bei allen Dateizugriffen, bei
denen keine spezielle Laufwerksangabe erfolgt, wird zu-
künftig auf das hier angegebene Laufwerk zugegriffen.

Eingabe: AH = 0Eh
         DL = Code des aktuellen Laufwerks

Ausgabe: AL = Anzahl der installierten Laufwerke (bzw. Volumes)

Bemerkungen:

▶ Das Laufwerk A trägt den Code 0, B den Code 1 usw.

▶ Selbst wenn ein PC nur über ein Diskettenlaufwerk und
eine Festplatte verfügt, kann die Anzahl der Volumes
im AL-Register größer als 2 sein, da die Festplatte in

150

mehrere Volumes unterteilt sein kann und zusätzlich noch eine oder mehrere RAM-Disks installiert sein können.

▶ Bei einem PC, der lediglich über ein Diskettenlaufwerk verfügt, beträgt die Anzahl der Volumes 2, da mit diesem Laufwerk sowohl das Laufwerk A als auch das Laufwerk B simuliert wird.

▶ Während die DOS-Version 2 63 verschiedene Geräte-Codes erlaubt, beschränkt die DOS-Version 3 die Anzahl der Geräte auf 26 (die Buchstaben A bis Z). Aus diesem Grund sollte maximal auf diese 26 Geräte (falls überhaupt vorhanden) zugegriffen werden.

▶ Die Anzahl der Diskettenlaufwerke, die nicht mit der Anzahl der Volumes identisch sein muß, kann besser über den BIOS-Interrupt 11h erfragt werden.

▶ Der Inhalt der Register AH, BX, CX, DX, SI, DI, BP, CS, DS, SS, ES und des Flag-Registers wird durch diese Funktion nicht verändert.

Interrupt 21h, Funktion 0Fh	DOS
Datei öffnen (FCB)	

Durch diesen Funktionsaufruf wird eine Datei (sofern vorhanden) geöffnet. Nach einem erfolgreichen Abschluß dieses Funktionsaufrufs kann die Datei dann ausgelesen oder beschrieben werden.

Eingabe: AH = 0Fh
          DS = Segmentadresse des FCB der Datei
          DX = Offsetadresse des FCB der Datei

Ausgabe: AL = 0: Datei gefunden und geöffnet
          AL = 255: Datei nicht gefunden

Bemerkungen:

▶ Es können sowohl normale als auch erweiterte FCBs verwendet werden.

▶ Wurde die Datei gefunden, trägt DOS in den FCB die Dateigröße, das Datum und die Uhrzeit der Erstellung bzw. letzten Modifikation ein.

▶ DOS setzt die Datensatzlänge auf 128 Bytes. Diese Satzlänge kann zwar im FCB geändert werden, doch darf dies erst nach dem Öffnen der Datei geschehen. Soll mit einer längeren Satzlänge gearbeitet werden, muß außerdem der DTA verlegt werden, da der vorgegebene DTA nur 128 Bytes groß ist.

▶ Wenn ein wahlfreier Zugriff auf die Datei durchgeführt werden soll, muß das entsprechende Feld im FCB nach der erfolgreichen Öffnung der Datei gesetzt werden.

▶ Der Dateizeiger wird nach dem Öffnen der Datei auf das erste Byte der Datei gesetzt.

▶ Der Inhalt der Register AH, BX, CX, DX, SI, DI, BP, CS, DS, SS, ES und des Flag-Registers wird durch diese Funktion nicht verändert.

Interrupt 21h, Funktion 10h   **DOS**
Datei schließen (FCB)

Nach dem Aufruf dieser Funktion werden alle Daten, die sich noch in einem der internen Puffer des DOS befinden, in die Datei geschrieben, und dann wird die Datei geschlossen. Dabei wird gleichzeitig der Directory-Eintrag der Datei an die neue Größe der Datei angepaßt sowie das Modifikationsdatum und die Uhrzeit abgespeichert.

Eingabe: AH = 10h
DS = Segmentadresse des FCB der Datei
DX = Offsetadresse des FCB der Datei

Ausgabe: AL =   0: Datei geschlossen und Dircetory-Eintrag erneuert
AL = 255: Datei nicht im Verzeichnis gefunden

Bemerkungen:

▶ Es können natürlich nur Dateien geschlossen werden, die zuvor geöffnet worden sind.

152

- Bei Diskettendateien muß unbedingt darauf geachtet werden, daß die Diskette, die sich beim Aufruf dieser Funktion im Laufwerk befindet, auch die Diskette ist, die die Datei enthält. Ist dem nicht so, wird eine falsche FAT und ein falsches Directory auf die Diskette geschrieben, wodurch die auf ihr befindlichen Daten unbrauchbar werden.

- Der Inhalt der Register AH, BX, CX, DX, SI, DI, BP, CS, DS, SS, ES und des Flag-Registers wird durch diese Funktion nicht verändert.

Interrupt 21h, Funktion 11h   **DOS**
Suche ersten Directory-Eintrag (FCB)

Mit Hilfe dieser Funktion wird nach dem ersten Auftreten eines bestimmten Dateinamens in dem aktuellen Verzeichnis des im FCB angegebenen Geräts gesucht.

Eingabe: AH = 11h
                 DS = Segmentadresse des FCB
                 DX = Offsetadresse des FCB

Ausgabe: AL =   0: Datei gefunden
                 AL = 255: Datei nicht gefunden

Bemerkungen:

- Der der Funktion übergebene FCB enthält das Gerät, auf dem nach der Datei gesucht werden soll, sowie den Namen der Datei.

- Der Dateiname kann die Wildcard "?" enthalten, um nach einer Gruppe von Dateien zu suchen.

- Die Suche wird ausschließlich im aktuellen Verzeichnis des angegebenen Geräts durchgeführt.

- Soll nach einer normalen Datei gesucht werden, genügt es, der Funktion einen normalen FCB zu übergeben. Soll hingegen nach Dateien mit besonderen Attributen (Volume-Namen, Unterverzeichnisse, versteckte Dateien etc.) gesucht werden, muß mit erweiterten FCBs gearbeitet werden.

153

▸ Wurde eine Datei gefunden, enthält der DTA einen FCB vom Typ des übergebenen FCBs, der den Namen der gefundenen Datei enthält. Aus diesem Grund muß der DTA immer mindestens so groß sein, daß er einen normalen oder einen erweiterten FCB aufnehmen kann.

▸ Der DTA kann mit Hilfe der Funktion 26 in einen eigenen Puffer verlegt werden, um zu garantieren, daß er groß genug ist, den entsprechenden FCB aufzunehmen.

▸ Der Inhalt der Register AH, BX, CX, DX, SI, DI, BP, CS, DS, SS, ES und des Flag-Registers wird durch diese Funktion nicht verändert.

Interrupt 21h, Funktion 12h   **DOS**
Suche nächsten Directory-Eintrag

Nachdem durch Aufruf der Funktion 17 nach dem ersten Dateinamen in einem Verzeichnis gesucht wurde, können mit Hilfe dieser Funktion alle weiteren Dateinamen (sofern vorhanden) gesucht werden.

Eingabe: AH = 12h
                 DS = Segmentadresse des FCB
                 DX = Offsetadresse des FCB

Ausgabe: AL =   0: Datei gefunden
                 AL = 255: Datei nicht gefunden (keine weiteren Dateien
                                     vorhanden)

Bemerkungen:

▸ Diese Funktion darf erst nach dem einmaligen Aufruf der Funktion 17 aufgerufen werden.

▸ Wurde ein weiterer Dateiname gefunden, ist sein Name wiederum im FCB verzeichnet, der sich am Anfang des DTA befindet.

▸ Die Suche wird ausschließlich im aktuellen Verzeichnis des angegebenen Geräts durchgeführt.

▸ Der DTA kann mit Hilfe der Funktion 26 in einen eigenen Puffer verlegt werden, um zu garantieren, daß er groß genug ist, den entsprechenden FCB aufzunehmen.

▸ Der Inhalt der Register AH, BX, CX, DX, SI, DI, BP, CS, DS, SS, ES und des Flag-Registers wird durch diese Funktion nicht verändert.

Interrupt 21h, Funktion 13h	DOS
Datei(en) löschen (FCB)	

Diese Funktion dient zum Löschen einer oder mehrerer Dateien im aktuellen Verzeichnis des angegebenen Geräts.

Eingabe: AH = 13h
          DS = Segmentadresse des FCB
          DX = Offsetadresse des FCB

Ausgabe: AL =   0: Datei(en) gelöscht
          AL = 255: keine Datei(en) gefunden, oder die gefundenen
                    Dateien durften nicht gelöscht werden (weil sie
                    mit dem Attribut "Nur Lesen" versehen sind)

Bemerkungen:

▸ Der der Funktion übergebene FCB enthält das Gerät, auf dem sich die zu löschenden Dateien befinden, sowie den Namen der Datei.

▸ Der Dateiname kann die Wildcard "?" enthalten, um eine Gruppe von Dateien zu löschen.

▸ Es können ausschließlich Dateien im aktuellen Verzeichnis des angegebenen Geräts gelöscht werden.

▸ Soll eine normale Datei gelöscht werden, genügt es, der Funktion einen normalen FCB zu übergeben. Soll hingegen eine Datei mit besonderen Attributen (Volume-Namen, versteckte Dateien etc.) gelöscht werden, muß mit erweiterten FCBs gearbeitet werden.

▸ Zwar können Volume-Namen, nicht aber Unterverzeichnisse mit dieser Funktion gelöscht werden.

► Der Inhalt der Register AH, BX, CX, DX, SI, DI, BP, CS, DS, SS, ES und des Flag-Registers wird durch diese Funktion nicht verändert.

Interrupt 21h, Funktion 14h   DOS
Sequentielles Lesen (FCB)

Der nächste Datensatz wird aus einer Datei ausgelesen.

Eingabe: AH = 14h
              DS = Segmentadresse des FCB
              DX = Offsetadresse des FCB

Ausgabe: AL = 0: Datensatz wurde gelesen
              AL = 1: Ende der Datei erreicht
              AL = 2: Segment-Überlauf
              AL = 3: Teil-Datensatz gelesen

Bemerkungen:

► Die Funktion darf erst aufgerufen werden, nachdem die Datei über den angegebenen FCB geöffnet worden ist.

► Der Datensatz wird in den DTA eingelesen. Wenn dieser nicht groß genug ist, muß er zuvor mit Hilfe der Funktion 26 in einen eigenen Puffer verschoben werden.

► Die Größe des Datensatzes und damit die Anzahl der eingelesenen Bytes ist im FCB verzeichnet.

► Der Fehler 2 tritt auf, wenn der DTA am Ende eines Segments liegt und dadurch der eingelesene Datensatz über das Segmentende herausragt.

► Fehler 3 tritt dann auf, wenn sich am Dateiende nur der Teil eines Datensatzes, nicht aber ein kompletter Datensatz befindet. In diesem Fall wird der Datensatz eingelesen und bis auf die vorgegebene Länge mit Nullen aufgefüllt.

► Nach dem Einlesen des Datensatzes wird der Dateizeiger auf den Anfang des nächsten Datensatzes gesetzt, so daß beim nächsten Aufruf dieser Funktion automatisch der nächste Datensatz gelesen wird.

► Der Inhalt der Register AH, BX, CX, DX, SI, DI, BP, CS, DS, SS, ES und des Flag-Registers wird durch diese Funktion nicht verändert.

Der nächste Datensatz wird in eine Datei geschrieben.

Eingabe: AH = 15h
               DS = Segmentadresse des FCB
               DX = Offsetadresse des FCB

Ausgabe: AL = 0: Datensatz wurde geschrieben
               AL = 1: Medium (Diskette/Festplatte) voll
               AL = 2: Segment-Überlauf

Bemerkungen:

► Die Funktion darf erst aufgerufen werden, nachdem die Datei über den angegebenen FCB geöffnet worden ist.

► Der Datensatz wird aus dem DTA in die Datei geschrieben. Wenn dieser nicht groß genug ist, den zu schreibenden Datensatz aufzunehmen, muß er zuvor mit Hilfe der Funktion 26 in einen eigenen Puffer verschoben werden.

► Die Größe des Datensatzes und damit die Anzahl der geschriebenen Bytes ist im FCB verzeichnet.

► Der Fehler 2 tritt auf, wenn der DTA am Ende eines Segments liegt und dadurch der zu schreibende Datensatz über das Segmentende herausragt.

► Nach dem Schreiben des Datensatzes wird der Dateizeiger auf den Anfang des nächsten Datensatzes gesetzt, so daß beim nächsten Aufruf dieser Funktion automatisch der nächste Datensatz geschrieben wird.

► Der Inhalt der Register AH, BX, CX, DX, SI, DI, BP, CS, DS, SS, ES und des Flag-Registers wird durch diese Funktion nicht verändert.

Durch Aufruf dieser Funktion wird eine noch nicht bestehende Datei erstellt. Eine bereits bestehende Datei wird durch Aufruf dieser Funktion geleert, so daß ihre Länge 0 Bytes beträgt. Gleichzeitig wird die Datei durch den Aufruf dieser Funktion geöffnet, so daß sie durch den Aufruf anderer Funktionen beschrieben und später auch gelesen werden kann.

Eingabe: AH = 16h
            DS = Segmentadresse des FCB
            DX = Offsetadresse des FCB

Ausgabe: AL = 0: Datei wurde erstellt oder geleert
            AL = 255: Datei konnte nicht erstellt werden (z.B. weil das
                 Directory bereits voll ist)

Bemerkungen:

▶ Der Inhalt einer bestehenden Datei, die durch den Aufruf dieser Funktion geleert wird, ist unwiederbringlich verloren.

▶ Nach dem Aufruf dieser Funktion braucht die Datei nicht mehr mit Hilfe der Funktion 15 geöffnet zu werden.

▶ Wird die Datei mit Hilfe eines erweiterten FCBs geöffnet, kann sie auch über bestimmte Attribute (Volume-Name, versteckte Datei) verfügen. Die Erstellung eines Unterverzeichnisses mit Hilfe dieser Funktion ist allerdings nicht möglich.

▶ Nach dem Öffnen der Datei wird der Dateizeiger auf das erste Byte der Datei bewegt.

▶ Der Inhalt der Register AH, BX, CX, DX, SI, DI, BP, CS, DS, SS, ES und des Flag-Registers wird durch diese Funktion nicht verändert.

Eine Datei oder eine Gruppe von Dateien im aktuellen Verzeichnis auf dem angegebenen Gerät kann umbenannt werden.

Eingabe: AH = 17h
DS = Segmentadresse des FCB
DX = Offsetadresse des FCB

Ausgabe: AL =   0: Datei(en) umbenannt
AL = 255: keine umzubenennende Datei gefunden, oder der
neue Name entspricht dem alten Namen

Bemerkungen:

▸ Bei dem übergebenen FCB handelt es sich um einen speziellen FCB. Er basiert auf einem normalen FCB, der in den ersten 12 Bytes wie gewöhnlich die Gerätebezeichnung und den Dateinamen der umzubenennenden Datei enthält. Das Besondere an diesem FCB ist aber, daß ab der Speicherstelle 16 die Gerätebezeichnung und der neue Name der Datei abgespeichert ist. Die Gerätebezeichnung muß dabei natürlich die gleiche wie die des ersten Dateinamens sein.

▸ Der Name der umzubenennenden Datei kann die Wildcard "?" enthalten, wodurch mehrere Dateien umbenannt werden können.

▸ Enthält auch der neue Dateiname die Wildcard "?", so werden bei der Umbenennung der Datei die Stellen des Dateinamens bzw. der Dateierweiterung der umzubenennenden Datei nicht verändert, an denen sich im neuen Dateinamen ein "?" befindet.

▸ Der Inhalt der Register AH, BX, CX, DX, SI, DI, BP, CS, DS, SS, ES und des Flag-Registers wird durch diese Funktion nicht verändert.

Der Funktionsaufruf liefert die Gerätebezeichnung des aktuellen Laufwerks zurück.

Eingabe: AH = 19h

Ausgabe: AL = Gerätebezeichnung

Bemerkungen:

▶ Während bei anderen DOS-Funktionen die Gerätebezeichnung 0 das aktuelle Gerät und erst der Code 1
das Laufwerk A kennzeichnet, deutet hier der Code 0
auf das Laufwerk A, der Code 1 auf das Laufwerk B
usw.

▶ Der Inhalt der Register AH, BX, CX, DX, SI, DI, BP,
CS, DS, SS, ES und des Flag-Registers wird durch diese
Funktion nicht verändert.

Durch Aufruf dieser Funktion wird die Disk Transfer Area
(DTA), die bei allen FCB-gestützten Dateizugriffen zur
Zwischenspeicherung der Daten verwendet wird, in einen
anderen Speicherbereich verlegt.

Eingabe: AH = 1Ah
           DS = Segmentadresse der neuen DTA
           DX = Offsetadresse der neuen DTA

Ausgabe: keine

Bemerkungen:

▶ Diese Funktion muß immer dann aufgerufen werden,
wenn die vorgegebene DTA nicht groß genug ist, um
die zu übertragenden Daten aufzunehmen.

► Bei Start eines Programms legt DOS die DTA an die Adresse 128 im PSP des Programms. Sie ist damit 128 Bytes lang, da nach der Adresse 255 des PSP das eigentliche Programm beginnt.

► DOS kennt die Länge der DTA nicht und geht deshalb immer davon aus, daß sie lang genug ist, um die zu übertragenden Daten aufzunehmen. Ist dem nicht so, werden die nachfolgenden Daten von der jeweiligen DOS-Funktion überschrieben.

► Bei verschiedenen Funktionen erkennt DOS allerdings einen Fehler, wenn die DTA am Ende eines Segments liegt und die zu übertragenden Daten dadurch über das Segmentende hinausragen würden.

► Der Inhalt keines der Prozessor-Register wird durch diese Funktion verändert. Dies gilt auch für das Flag-Register.

Interrupt 21h, Funktion 1Bh	DOS
Informationen über das aktuelle Laufwerk einholen	

Nach dem Aufruf dieser Funktion werden einige Informationen über das Format des aktuellen Laufwerks zurückgeliefert.

Eingabe: AH = 1Bh

Ausgabe: AL = Anzahl der Sektoren pro Cluster
DS = Segmentadresse des Media-Descriptors
BX = Offsetadresse des Media-Descriptors
DX = Anzahl der Cluster

Bemerkungen:

► Für den Media-Descriptor können folgende Codes zurückgeliefert werden:

F8h: Festplatte
F9h: Diskettenlaufwerk: zwei Seiten, 15 Sektoren pro Spur (nur AT)
FCh: Diskettenlaufwerk: eine Seite, 9 Sektoren pro Spur
FDh: Diskettenlaufwerk: zwei Seiten, 9 Sektoren pro Spur
FEh: Diskettenlaufwerk: eine Seite, 8 Sektoren pro Spur
FFh: Diskettenlaufwerk: zwei Seiten, 8 Sektoren pro Spur

- ▶ Informationen über jedes beliebige Laufwerk können mit Hilfe der Funktion 28 eingeholt werden.

- ▶ Der Inhalt der Register AH, CX, SI, DI, BP, CS, SS, ES und des Flag-Registers wird durch diese Funktion nicht verändert.

Interrupt 21h, Funktion 1Ch   DOS
Informationen über beliebiges Laufwerk einholen

Nach dem Aufruf dieser Funktion werden einige Informationen über das Format des angegebenen Laufwerks zurückgeliefert.

Eingabe: AH = 1Ch
              DL = Gerätebezeichnung

Ausgabe: AL = Anzahl der Sektoren pro Cluster
              DS = Segmentadresse des Media-Descriptors
              BX = Offsetadresse des Media-Descriptors
              DX = Anzahl der Cluster

Bemerkungen:

- ▶ Bei der Gerätebezeichnung steht 0 für das aktuelle Laufwerk, 1 für das Laufwerk A, 2 für das Laufwerk B usw.

- ▶ Für den Media-Descriptor können folgende Codes zurückgeliefert werden:

  F8h: Festplatte
  F9h: Diskettenlaufwerk: zwei Seiten, 15 Sektoren pro Spur (nur AT)
  FCh: Diskettenlaufwerk: eine Seite, 9 Sektoren pro Spur
  FDh: Diskettenlaufwerk: zwei Seiten, 9 Sektoren pro Spur
  FEh: Diskettenlaufwerk: eine Seite, 8 Sektoren pro Spur
  FFh: Diskettenlaufwerk: zwei Seiten, 8 Sektoren pro Spur

- ▶ Der Inhalt der Register AH, CX, SI, DI, BP, CS, SS, ES und des Flag-Registers wird durch diese Funktion nicht verändert.

Ein bestimmter Datensatz der Datei wird in den DTA eingelesen.

Eingabe:　　AH = 21h
　　　　　　　DS = Segmentadresse des FCB
　　　　　　　DX = Offsetadresse des FCB

Ausgabe:　　AL = 0: Datensatz wurde gelesen
　　　　　　　AL = 1: Ende der Datei erreicht
　　　　　　　AL = 2: Segment-Überlauf
　　　　　　　AL = 3: Teil-Datensatz gelesen

Bemerkungen:

▶ Die Funktion darf erst aufgerufen werden, nachdem die Datei über den angegebenen FCB geöffnet worden ist.

▶ Es wird der Datensatz eingelesen, dessen Adresse ab der Speicherstelle 21h im FCB verzeichnet ist.

▶ Der Datensatz wird in den DTA eingelesen. Wenn dieser nicht groß genug ist, muß er zuvor mit Hilfe der Funktion 26 in einen eigenen Puffer verschoben werden.

▶ Die Größe des Datensatzes und damit die Anzahl der eingelesenen Bytes ist im FCB verzeichnet.

▶ Bei Aufruf dieser Funktion wird automatisch der Dateizeiger auf den zu lesenden Datensatz bewegt, so daß ein Aufruf der Funktion zum sequentiellen Lesen eines Datensatzes den gleichen Datensatz einlesen würde.

▶ Die Datensatznummer wird nach dem Funktionsaufruf nicht inkrementiert, so daß ein erneuter Aufruf dieser Funktion den gleichen Datensatz einlesen würde.

▶ Der Fehler 2 tritt auf, wenn der DTA am Ende eines Segments liegt und dadurch der eingelesene Datensatz über das Segmentende herausragt.

▶ Fehler 3 tritt dann auf, wenn sich am Dateiende nur ein Teil eines Datensatzes, nicht aber ein kompletter Datensatz befindet. In diesem Fall wird der Datensatz eingelesen und bis auf die vorgegebene Länge mit Nullen aufgefüllt.

▶ Der Inhalt der Register AH, BX, CX, DX, SI, DI, BP, CS, DS, SS, ES und des Flag-Registers wird durch diese Funktion nicht verändert.

Interrupt 21h, Funktion 22h   **DOS**
Wahlfreies Schreiben (FCB)

Ein bestimmter Datensatz wird in die Datei geschrieben.

Eingabe: AH = 22h
                 DS = Segmentadresse des FCB
                 DX = Offsetadresse des FCB

Ausgabe: AL = 0: Datensatz wurde geschrieben
                 AL = 1: Medium (Diskette/Festplatte) voll
                 AL = 2: Segment-Überlauf

Bemerkungen:

▶ Die Funktion darf erst aufgerufen werden, nachdem die Datei über den angegebenen FCB geöffnet worden ist.

▶ Es wird der Datensatz geschrieben, dessen Adresse ab der Speicherstelle 21h im FCB verzeichnet ist.

▶ Die Größe des Datensatzes und damit die Anzahl der geschriebenen Bytes ist im FCB verzeichnet.

▶ Der Datensatz wird aus dem DTA in die Datei geschrieben. Wenn dieser nicht groß genug ist, muß er zuvor mit Hilfe der Funktion 26 in einen eigenen Puffer verschoben werden.

▶ Bei Aufruf dieser Funktion wird automatisch der Dateizeiger auf den zu schreibenden Datensatz bewegt, so daß bei Aufruf der Funktion zum sequentiellen Schreiben eines Datensatzes der gleiche Datensatz geschrieben würde.

▶ Die Datensatznummer wird nach dem Funktionsaufruf nicht inkrementiert, so daß ein erneuter Aufruf dieser Funktion den gleichen Datensatz schreiben würde.

▶ Der Fehler 2 tritt auf, wenn der DTA am Ende eines Segments liegt und dadurch der zu schreibende Datensatz über das Segmentende herausragt.

▶ Der Inhalt der Register AH, BX, CX, DX, SI, DI, BP, CS, DS, SS, ES und des Flag-Registers wird durch diese Funktion nicht verändert.

Interrupt 21h, Funktion 23h	DOS
Lese Dateigröße (FCB)	

Die Anzahl der Datensätze in einer Datei und damit die Dateigröße wird durch den Aufruf dieser Funktion ermittelt.

Eingabe: AH = 23h
DS = Segmentadresse des FCB
DX = Offsetadresse des FCB

Ausgabe: AL = 0: Datei gefunden, in diesem Fall enthält das Datensatz-Feld ab der Adresse 21h des FCB die Anzahl der Datensätze in der Datei
AL = 255: Datei nicht gefunden

Bemerkungen:

▶ Der übergebene FCB enthält die Gerätebezeichnung sowie den Dateinamen und die Dateierweiterung der Datei, deren Größe ermittelt werden soll.

▶ Im Gegensatz zu allen anderen FCB-gestützten Dateizugriffen muß die Datensatzgröße vor Aufruf dieser Funktion in den FCB eingetragen werden.

▶ Wird als Datensatzgröße 1 verwandt, kann mit Hilfe dieser Funktion die Größe der Datei in Bytes ermittelt werden.

▶ Der Inhalt der Register AH, BX, CX, DX, SI, DI, BP, CS, DS, SS, ES und des Flag-Registers wird durch diese Funktion nicht verändert.

Interrupt 21h, Funktion 24h   **DOS**
Setze Datensatz-Nummer

Durch den Aufruf dieser Funktion wird die Datensatz-Nummer im FCB, die für den wahlfreien Zugriff auf eine Datei verantwortlich ist, auf die aktuelle Position des Dateizeigers gesetzt. Nach einer Reihe von sequentiellen Dateizugriffen kann dadurch mit wahlfreien Zugriffen an der Stelle fortgefahren werden, an der mit den sequentiellen Zugriffen aufgehört wurde.

Eingabe: AH = 24h
               DS = Segmentadresse des FCB
               DX = Offsetadresse des FCB

Ausgabe: keine

Bemerkungen:

▶ Die Funktion darf erst aufgerufen werden, nachdem die Datei über den angegebenen FCB geöffnet worden ist.

▶ Der Inhalt keines der Prozessor-Register wird durch diese Funktion verändert. Dies gilt auch für das Flag-Register.

Interrupt 21h, Funktion 25h   **DOS**
Setze Interrupt-Vektor

Mit Hilfe dieser Funktion kann ein beliebiger Interrupt-Vektor auf eine andere Routine verbogen werden.

Eingabe: AH = 25h
               AL = Nummer des Interrupts
               DS = neue Segmentadresse der Interrupt-Routine
               DX = neue Offsetadresse der Interrupt-Routine

Ausgabe: keine

Bemerkungen:

▸ Vor Aufruf dieser Funktion sollte zunächst der alte Inhalt des zu verändernden Interrupt-Vektors mit Hilfe der Funktion 53 ausgelesen und gespeichert werden. Nach Beendigung des Programms sollte sein alter Inhalt dann mit Hilfe dieser Funktion wieder restauriert werden.

▸ Der Inhalt keines der Prozessor-Register wird durch diese Funktion verändert. Dies gilt auch für das Flag-Register.

Interrupt 21h, Funktion 26h   DOS
Erstelle neuen PSP

Der PSP des ausgeführten Programms wird an eine vorgegebene Adresse kopiert.

Eingabe: AH = 26h
             DX = Segmentadresse des neuen PSP

Ausgabe: keine

Bemerkungen:

▸ Die Offsetadresse des neuen PSP ist 0.

▸ Diese Funktion wurde unter der DOS-Version 1 dazu benutzt, andere Programme auszuführen, indem ein PSP aufgebaut und danach das entsprechende Programm hinter diesen PSP geladen und ausgeführt werden konnte.

▸ Unter den DOS-Versionen 2 und 3 sollte diese Funktion nicht mehr aufgerufen werden, da andere Programme mit Hilfe der EXEC-Funktion 4Bh geladen und ausgeführt werden können.

▸ Der Inhalt keines der Prozessor-Register wird durch diese Funktion verändert. Dies gilt auch für das Flag-Register.

Beginnend mit einem vorgegebenen Datensatz werden mehrere, in der Datei sequentiell hintereinander angeordnete Datensätze eingelesen.

Eingabe: AH = 27h
CX = Anzahl der zu lesenden Datensätze
DS = Segmentadresse des FCB
DX = Offsetadresse des FCB

Ausgabe: AL = 0: Datensatz wurde gelesen
AL = 1: Ende der Datei erreicht
AL = 2: Segment-Überlauf
AL = 3: Teil-Datensatz gelesen
CX = Anzahl der gelesenen Datensätze

Bemerkungen:

▸ Die Funktion darf erst aufgerufen werden, nachdem die Datei über den angegebenen FCB geöffnet worden ist.

▸ Als erster Datensatz wird der Datensatz eingelesen, dessen Adresse ab der Speicherstelle 21h im FCB verzeichnet ist.

▸ Die Datensätze werden in den DTA eingelesen. Wenn dieser nicht groß genug ist, muß er zuvor mit Hilfe der Funktion 26 in einen eigenen Puffer verschoben werden.

▸ Die Größe jedes einzelnen Datensatzes ist im FCB verzeichnet.

▸ Nach dem Funktionsaufruf wird der Dateizeiger hinter den letzten gelesenen Datensatz bewegt. Die Datensatznummer wird außerdem um die Anzahl der gelesenen Datensätze erhöht, so daß sie auf den Datensatz zeigt, der dem letzten eingelesenen Datensatz folgt.

▸ Der Fehler 2 tritt auf, wenn der DTA am Ende eines Segments liegt und dadurch der eingelesene Datensatz über das Segmentende herausragt.

▶ Fehler 3 tritt dann auf, wenn sich am Dateiende nur der Teil eines Datensatzes, nicht aber ein kompletter Datensatz befindet. In diesem Fall wird der Datensatz eingelesen und bis auf die vorgegebene Länge mit Nullen aufgefüllt.

▶ Der Inhalt der Register AH, BX, DX, SI, DI, BP, CS, DS, SS, ES und des Flag-Registers wird durch diese Funktion nicht verändert.

Interrupt 21h, Funktion 28h **DOS**
Wahlfreies Schreiben mehrerer Datensätze (FCB)

Beginnend mit einem vorgegebenen Datensatz werden mehrere Datensätze in die Datei sequentiell hintereinander geschrieben.

Eingabe: AH = 28h
CX = Anzahl der zu schreibenden Datensätze
DS = Segmentadresse des FCB
DX = Offsetadresse des FCB

Ausgabe: AL = 0: Datensatz wurde geschrieben
AL = 1: Medium (Diskette/Festplatte) voll
AL = 2: Segment-Überlauf
CX = Anzahl der geschriebenen Datensätze

Bemerkungen:

▶ Die Funktion darf erst aufgerufen werden, nachdem die Datei über den angegebenen FCB geöffnet worden ist.

▶ Es wird als erster Datensatz der Datensatz geschrieben, dessen Adresse ab der Speicherstelle 21h im FCB verzeichnet ist.

▶ Die Größe jedes einzelnen Datensatzes ist im FCB verzeichnet.

▶ Die Datensätze werden aus dem DTA in die Datei geschrieben. Wenn dieser nicht groß genug ist, muß er zuvor mit Hilfe der Funktion 26 in einen eigenen Puffer verschoben werden.

► Nach dem Funktionsaufruf wird der Dateizeiger hinter den letzten geschriebenen Datensatz bewegt. Die Datensatznummer wird außerdem um die Anzahl der geschriebenen Datensätze erhöht, so daß sie auf den Datensatz zeigt, der dem letzten geschriebenen Datensatz folgt.

► Der Fehler 2 tritt auf, wenn der DTA am Ende eines Segments liegt und dadurch der zu schreibende Datensatz über das Segmentende herausragt.

► Der Inhalt der Register AH, BX, DX, SI, DI, BP, CS, DS, SS, ES und des Flag-Registers wird durch diese Funktion nicht verändert.

Interrupt 21h, Funktion 29h	DOS
Dateinamen in FCB übertragen	

Diese Funktion überträgt einen Dateinamen, der als ASCII-String vorliegt und neben einer Gerätebezeichnung einen Dateinamen und eine Dateierweiterung enthalten kann, in die entsprechenden Felder eines FCB.

Eingabe: AH = 29h
DS = Segmentadresse des Dateinamens im Speicher
SI = Offsetadresse des Dateinamens im Speicher
ES = Segmentadresse des FCB
DI = Offsetadresse des FCB
AL = Übertragungsparameter
Bit 1 =1: Die Gerätebezeichnung im FCB wird nur dann verändert, wenn der übergebene Dateiname eine Gerätebezeichnung enthält.
0: Die Gerätebezeichnung wird auf jeden Fall verändert. Enthält der übergebene Dateiname allerdings keine Gerätebezeichnung, wird im FCB der Wert 0 (aktuelles Laufwerk) eingetragen.

Bit 2 = 1: Der Dateiname im FCB wird nur dann verändert, wenn der übergebene Dateiname einen Dateinamen enthält.
0: Der Dateiname wird auf jeden Fall verändert. Enthält der übergebene Dateiname allerdings keinen Dateinamen, wird im FCB der Dateiname mit Leerzeichen (ASCII-Code 32) aufgefüllt.

Bit 3 = 1: Die Dateierweiterung im FCB wird nur geändert, wenn der übergebene Dateiname eine Erweiterung enthält.

0: Die Dateierweiterung im FCB wird auf jeden Fall verändert. Enthält der übergebene Dateiname keine Erweiterung, wird das Feld mit Leerstellen (ASCII-Code 32) gefüllt.

Alle anderen Bits sollten den Wert 0 enthalten.

Ausgabe: AL = 0: Der übergebene Dateiname enthielt keine Wildcards.

AL = 1: Der übergebene Dateiname enthielt Wildcards.

AL = 255: Die angegebene Gerätebezeichnung ist ungültig.

DS = Segmentadresse des ersten Zeichens im übergebenen Dateinamen-Puffer nach dem Dateinamen

SI = Offsetadresse des ersten Zeichens im übergebenen Dateinamen-Puffer nach dem Dateinamen

ES = Segmentadresse des FCB

DI = Offsetadresse des FCB

Bemerkungen:

▸ Der übergebene Dateiname muß durch ein Ende-Zeichen (ASCII-Code 0) abgeschlossen werden.

▸ Enthält der übergebene Dateiname die Wildcard "*", so werden in dem entsprechenden Feld im FCB alle nachfolgenden Stellen mit der Wildcard "?" aufgefüllt.

▸ Der Inhalt der Register AH, BX, CX, DX, BP, CS, SS und des Flag-Registers wird durch diese Funktion nicht verändert.

Interrupt 21h, Funktion 2Ah   **DOS**
Datum erfragen

Das aktuelle Datum wird durch den Aufruf dieser Funktion ermittelt.

Eingabe: AH = 2Ah

Ausgabe: AL = Tag der Woche (0=Sonntag, 1=Montag usw.)

CX = Jahr

DH = Monat

DL = Tag

Bemerkungen:

▸ Zur Abfrage des Datums ruft DOS den Uhrtreiber auf.

▸ Der Inhalt der Register AH, BX, SI, DI, BP, CS, DS, SS, ES und des Flag-Registers wird durch diese Funktion nicht verändert.

Interrupt 21h, Funktion 2Bh   **DOS**
Datum setzen

Das aktuelle Datum, wie es von der Funktion 42 zurückgeliefert wird, wird durch den Aufruf dieser Funktion gesetzt.

Eingabe: AH = 2Bh
              CX = Jahr
              DH = Monat
              DL = Tag

Ausgabe: AL = 0: o.k.
              AL = 255: Datum unplausibel

Bemerkungen:

▸ Das übergebene Datum wird an den Uhrtreiber übermittelt.

▸ Sofern der jeweilige PC nicht über eine batteriegepufferte Echtzeituhr und einen Uhrtreiber, der diese unterstützt, verfügt, bleibt das Datum nur bis zum Ausschalten bzw. Booten des Rechners erhalten.

▸ Wenn das Datum unplausibel ist, wird das alte Datum beibehalten.

▸ Der Inhalt der Register AH, BX, CX, DX, SI, DI, BP, CS, DS, SS, ES und des Flag-Registers wird durch diese Funktion nicht verändert.

Durch den Aufruf dieser Funktion wird die aktuelle Uhrzeit ermittelt.

Eingabe: AH = 2Ch

Ausgabe: CH = Stunde
CL = Minute
DH = Sekunde
DL = hundertstel Sekunden

Bemerkungen:

▶ Zur Abfrage der Uhrzeit ruft DOS den Uhrtreiber auf.

▶ Der Inhalt der Register AX, BX, SI, DI, BP, CS, DS, SS, ES und des Flag-Registers wird durch diese Funktion nicht verändert.

Die aktuelle Uhrzeit kann mit Hilfe dieser Funktion gesetzt werden.

Eingabe: AH = 2Dh
CH = Stunde
CL = Minute
DH = Sekunde
DL = hundertstel Sekunden

Ausgabe: AL =   0: o.k.
AL = 255: Uhrzeit unplausibel

Bemerkungen:

▶ Die übergebene Uhrzeit wird an den Uhrtreiber übermittelt.

▶ Sofern der jeweilige PC nicht über eine batteriegepufferte Echtzeituhr und einen Uhrtreiber, der diese unterstützt, verfügt, bleibt die Uhrzeit lediglich bis zum Ausschalten bzw. Booten des Rechners erhalten.

173

▶ Wenn die Uhrzeit unplausibel ist, wird die alte Uhrzeit beibehalten.

▶ Der Inhalt der Register AH, BX, CX, DX, SI, DI, BP, CS, DS, SS, ES und des Flag-Registers wird durch diese Funktion nicht verändert.

Interrupt 21h, Funktion 2Eh   DOS
Setzen des Verify-Flags

Das Verify-Flag entscheidet darüber, ob nach einer Schreiboperation auf einen Blocktreiber (Diskette, Festplatte) die geschriebenen Daten noch einmal auf ihre korrekte Übertragung hin verifiziert werden sollen. Dies verlangsamt zwar den Zugriff auf die jeweiligen Geräte, erhöht aber die Datensicherheit.

Eingabe: AH = 2Eh
               DL = 0
               AL = 0: Daten nicht verifizieren
               AL = 1: Daten verifizieren

Ausgabe: keine

Bemerkungen:

▶ Von der Benutzerebene aus kann dieses Flag durch die Befehle VERIFY ON und VERIFY OFF manipuliert werden.

▶ Der Inhalt keines der Prozessor-Register wird durch diese Funktion verändert. Dies gilt auch für das Flag-Register.

Interrupt 21h, Funktion 2Fh   DOS
DTA ermitteln

Diese Funktion liefert als Resultat die Adresse des Daten-Übertragungsbereichs (DTA), der bei allen FCB-gestützten Dateizugriffen als Daten-Puffer dient.

Eingabe: AH = 2Fh

Ausgabe: ES = Segmentadresse des DTA
          BX = Offsetadresse des DTA

Bemerkungen:

▶ Zwar kann mit Hilfe dieser Funktion die Adresse des DTA ermittelt werden, diese sagt jedoch nichts über die Größe des DTA aus.

▶ Nach dem Start eines Programms beginnt der DTA an der Speicherstelle 128 des PSP und hat ein Länge von 128 Bytes.

▶ Der Inhalt der Register AX, CX, DX, SI, DI, BP, CS, DS, SS und des Flag-Registers wird durch diese Funktion nicht verändert.

Interrupt 21h, Funktion 30h	DOS
DOS-Versionsnummer ermitteln	

Die Versionsnummer des DOS, unter der ein Programm abläuft, wird durch den Aufruf dieser Funktion ermittelt.

Eingabe: AH = 30h

Ausgabe: AL = übergeordnete Versionsnummer
          AH = untergeordnete Versionsnummer

Bemerkungen:

▶ Die übergeordnete Versionsnummer ist die Zahlenangabe vor dem Punkt. Bei der Versionsnummer 2.1 ist die übergeordnete Versionsnummer die Nummer 2.

▶ Die untergeordnete Versionsnummer ist die Zahlenangabe nach dem Punkt. Sie wird immer zweistellig angegeben. Im Fall der Vers. 2.1 ist sie 10.

▶ Wird im AL-Register der Wert 0 zurückgeliefert, so läuft das Programm unter der DOS-Version 1 ab, die diese Funktion noch nicht kennt.

► Der Inhalt der Register DX, SI, DI, BP, CS, DS, SS, ES und des Flag-Registers wird durch diese Funktion nicht verändert.

Durch den Aufruf dieser Funktion wird das ausgeführte Programm beendet und die Kontrolle wieder an das Programm übergeben, das das aktuelle Programm aufgerufen hat.

Im Gegensatz zu den anderen Funktionen zur Beendigung eines Programms wird der durch das Programm belegte Speicher jedoch nicht zur weiteren Verwendung freigegeben, wodurch das akutelle Programm resident im Speicher verbleibt.

Eingabe: AH = 31h
               AL = Ende-Code
               DX = Anzahl der zu reservierenden Paragraphen

Ausgabe: keine

Bemerkungen:

► Der Ende-Code im AL-Register dient dazu, dem aufrufenden Programm zu signalisieren, ob das von ihm aufgerufene Programm korrekt abgearbeitet werden konnte. Das aufrufende Programm kann diesen Wert durch Aufruf der Funktion 4Dh ermitteln. Innerhalb eines Batch-Programms kann dieser Wert mit Hilfe der Befehle ERRORLEVEL und IF überprüft werden.

► Die Anzahl der zu reservierenden Paragraphen (jeweils 16 Byte) gibt an, wie viele Bytes, beginnend mit dem PSP, nicht mehr zur weiteren Verwendung freigegeben werden dürfen.

► Speicherblöcke, die mit Hilfe der Funktion 48h reserviert werden, werden durch den Wert im DX-Register nicht beeinflußt, da sie nur durch Aufruf der Funktion 49h wieder freigegeben werden können.

Das Break-Flag entscheidet darüber, ob bei jedem Aufruf einer der Funktionen des DOS oder nur bei Aufruf der verschiedenen Funktionen zur Zeichenein- und -ausgabe auf die Betätigung der Control-C-Taste getestet wird, bei der dann jeweils der Interrupt 23h ausgelöst wird. Mit Hilfe dieser Funktion kann der aktuelle Inhalt dieses Flags ausgelesen werden.

Eingabe: AH = 33h
               AL = 0

Ausgabe: DL = 0: Test nur bei Zeichenein- und -ausgabe
               DL = 1: Test bei jedem Funktionsaufruf

Bemerkungen:

▸ Das Break-Flag ist nicht Teil des Environment-Blocks eines Programms und hat somit nicht nur für dieses spezielle Programm Gültigkeit. Vielmehr beeinflußt es alle Programme, die die DOS-Funktionen zur Zeichenein- und -ausgabe aufrufen, welche das Auftreten des Control-C-Zeichens oder die Betätigung der Break-Taste untersuchen.

▸ Der Inhalt der Register AX, BX, CX, DH, SI, DI, BP, CS, DS, SS, ES und des Flag-Registers wird durch diese Funktion nicht verändert. Der Inhalt aller anderen Register kann verändert worden sein.

Das Break-Flag entscheidet darüber, ob bei jedem Aufruf einer der Funktionen des DOS oder nur bei Aufruf der verschiedenen Funktionen zur Zeichenein- und -ausgabe auf die Betätigung der Control-C-Taste getestet wird, bei der dann jeweils der Interrupt 23h ausgelöst wird. Durch den Aufruf dieser Funktion kann es gesetzt oder gelöscht werden.

Eingabe: AH = 33h
AL = 1
DL = 0: Test nur bei Zeichenein- und -ausgabe
DL = 1: Test bei jedem Funktionsaufruf

Ausgabe: keine

Bemerkungen:

▸ Das Break-Flag ist nicht Teil des Environment-Blocks eines Programms und hat somit nicht nur für dieses spezielle Programm Gültigkeit. Vielmehr beeinflußt es alle Programme, die die DOS-Funktionen zur Zeichenein- und -ausgabe aufrufen, welche das Auftreten des Control-C-Zeichens oder die Betätigung der Break-Taste untersuchen.

▸ Der Inhalt keines der Prozessor-Register wird durch diese Funktion verändert. Dies gilt auch für das Flag-Register.

Interrupt 21h, Funktion 35h   DOS
Inhalt eines Interrupt-Vektors auslesen

Diese Funktion liefert als Resultat den aktuellen Inhalt eines Interrupt-Vektors und damit die Adresse der zugehörigen Interrupt-Routine zurück.

Eingabe: AH = 35h
AL = Nummer des Interrupts

Ausgabe: ES = Segmentadresse der Interrupt-Routine
BX = Offsetadresse der Interrupt-Routine

Bemerkungen:

▸ Um die Kompatibilität zu zukünftigen DOS-Versionen zu garantieren, sollte diese Funktion zum Auslesen eines Interrupt-Vektors aufgerufen werden, anstatt den Inhalt des jeweiligen Vektors direkt aus der Interrupt-Vektor-Tabelle auszulesen.

▸ Der Inhalt der Register AX, CX, DX, SI, DI, BP, CS, DS, SS und des Flag-Registers wird durch diese Funktion nicht verändert.

Diese Funktion liefert Informationen über das angegebene
Gerät (den angegebenen Blocktreiber) zurück, aus denen
der freie Speicherplatz berechnet werden kann.

Eingabe: AH = 36h
DL = Geräte-Code

Ausgabe: AX = 65535: Gerät nicht vorhanden, sonst Anzahl der
Sektoren pro Cluster
BX = Anzahl der freien Cluster
CX = Anzahl der Bytes pro Sektor
DX = Gesamtanzahl der Cluster des Geräts

Bemerkungen:

▶ Beim übergebenen Geräte-Code steht 0 für das aktuelle
Laufwerk, 1 für das Laufwerk A, 2 für das Laufwerk B
usw.

▶ Der noch verbleibende Speicher auf dem Medium berechnet sich aus der Anzahl der Bytes pro Sektor multipliziert mit der Anzahl der Sektoren pro Cluster multipliziert mit der Anzahl der freien Cluster.

▶ Der Inhalt der Register SI, DI, BP, CS, DS, SS, ES und
des Flag-Registers wird durch diese Funktion nicht
verändert.

Durch den Aufruf dieser Funktion werden die ver-
schiedenen landesspezifischen Parameter des über den
COUNTRY-Befehl in der CONFIG.SYS-Datei eingestellten
Landes ermittelt.

Eingabe: AH = 38h
AL = 0
DS = Segmentadresse eines Puffers
DX = Offsetadresse eines Puffers

Ausgabe: keine

Bemerkungen:

▶ Vor dem Funktionsaufruf sollten Sie mit Hilfe der Funktion 48 die aktuelle DOS-Version feststellen, um die unterschiedliche Registerbelegung zwischen der Version 2 und 3 bei Aufruf und Rückkehr dieser Funktion berücksichtigen zu können.

▶ Der Puffer muß mindestens 32 Bytes groß sein. In ihn trägt die Funktion die verschiedenen landesspezifischen Parameter ein.

▶ Die einzelnen Bytes des Puffers enthalten nach dem Funktionsaufruf folgende Informationen:

Byte 0 - 1: Datumsformat
                0 = USA: Monat-Tag-Jahr
                1 = Europa: Tag-Monat-Jahr
                2 = Japan: Jahr-Monat-Tag
Byte 2:   ASCII-Code des Währungssymbols
Byte 3:   0
Byte 4:   ASCII-Code des Tausender-Zeichens
Byte 5:   0
Byte 6:   ASCII-Code des Dezimal-Zeichens
Byte 7:   0
Byte 8 - 31: reserviert

▶ Der Inhalt keines der Prozessor-Register wird durch diese Funktion verändert. Dies gilt auch für das Flag-Register.

Interrupt 21h, Funkt. 38h, Unterfunkt. 0 DOS (ab Vers. 3)
Landesspezifische Symbole und Formate ermitteln

Durch den Aufruf dieser Funktion werden die verschiedenen landesspezifischen Parameter eines Landes ermittelt. Es können dabei sowohl die Parameter für das über den COUNTRY-Befehl in der CONFIG.SYS-Datei eingestellte Land oder für jedes beliebige andere Land abgefragt werden. Die verschiedenen Parameter werden von der Funktion in einen ihr übergebenen Puffer übertragen.

Eingabe: AH = 38h
           DS = Segmentadresse des Puffers
           DX = Offsetadresse des Puffers
           AL = 0: Parameter für das aktuelle Land lesen

AL = 1 - 254: Code des Landes, dessen Parameter gelesen
werden sollen

AL = 255: Code des Landes, dessen Parameter gelesen werden sollen, ist im BX-Register enthalten

Ausgabe: Carry-Flag = 0: o.k.

Carry-Flag = 1: Code des Landes ist ungültig

Bemerkungen:

▶ Vor dem Funktionsaufruf sollten Sie mit Hilfe der
Funktion 48 die aktuelle DOS-Version feststellen, um
die unterschiedliche Registerbelegung zwischen der
Version 2 und 3 bei Aufruf und Rückkehr dieser
Funktion berücksichtigen zu können.

▶ Der Puffer muß mindestens 34 Bytes groß sein, um alle
Parameter aufnehmen zu können.

▶ Die einzelnen Bytes des Puffers enthalten nach dem
Funktionsaufruf folgende Informationen:

Byte 0 - 1:   Datumsformat
                0 = USA: Monat-Tag-Jahr
                1 = Europa: Tag-Monat-Jahr
                2 = Japan: Jahr-Monat-Tag
Byte 2 - 6:   Währungsbezeichnung (ASCII String, durch ein Ende-
                Zeichen abgeschlossen)
Byte 7:   ASCII-Code des Tausender-Zeichens
Byte 8:   0
Byte 9:   ASCII-Code des Dezimal-Zeichens
Byte 10:   0
Byte 11:   ASCII-Code des Datumstrennzeichens
Byte 12:   0
Byte 13:   ASCII-Code des Zeittrennzeichens
Byte 14:   0
Byte 15:   Währungsformat
                Bit 0 = 0: Währungssymbol vor dem Wert
                Bit 0 = 1: Währungssymbol nach dem Wert
                Bit 1 = 0: keine Leerstelle zwischen dem Wert und dem
                           Währungssymbol
                Bit 1 = 1: eine Leerstelle zwischen dem Wert und dem
                           Währungssymbol
Byte 16:   Genauigkeit (Anzahl der Stellen nach dem Dezimalpunkt)
Byte 17:   Zeitformat
                Bit 0 = 0: 12-Stunden-Uhr
                Bit 0 = 1: 24-Stunden-Uhr
Byte 18-21:   Adresse einer Routine zur Umwandlung von Zeichen (s. u.)
Byte 22-33:   reserviert

▸ Der Inhalt der Adressen 18-21 ist die Offset- und Segmentadresse einer FAR-Procedure, die zur Umwandlung der landesspezifischen Zeichen aus dem Zeichensatz des PC dient. Die Routine betrachtet dabei den Inhalt des AL-Registers als den Code eines Kleinbuchstabens, der in einen Großbuchstaben umgewandelt werden soll. Falls ein solcher Großbuchstabe exisitiert, ist er nach dem Funktionsaufruf im AL-Register enthalten. Existiert ein solcher Buchstabe hingegen nicht, bleibt der Inhalt des AL-Registers unverändert. In unserem Fall könnten wird die Routine z.B. dazu benutzen, ein kleines ä in ein großes Ä umzuwandeln.

▸ Der Inhalt der Register AX, BX, CX, DX, SI, DI, BP, CS, DS, SS und ES wird durch diese Funktion nicht verändert.

Interrupt 21h, Funkt. 38h, Unterfunkt. 1 DOS (ab Vers. 3) Land setzen

Durch den Aufruf dieser Funktion wird das aktuelle Land gesetzt. Dadurch werden verschiedene landesspezifische Parameter eingestellt, die mit Hilfe der Unterfunktion 0 dieser Funktion ermittelt werden können. Gegenüber vorhergehenden DOS-Versionen, in denen das Land nur mit Hilfe des COUNTRY-Befehls in der CONFIG.SYS-Datei eingestellt werden konnte, bietet dieses Funktion den Vorteil, daß das Land auch noch nach dem Booten eingestellt und gewechselt werden kann.

Eingabe: AH = 38h
DX = 65535
AL = 1 - 254: Nummer des Landes
AL = 255: Nummer ist größer als 254, in diesem Fall
BX = Nummer des Landes

Ausgabe: Carry-Flag = 0: o.k.
Carry-Flag = 1: Code des Landes ist ungültig

Bemerkungen:

▸ Vor dem Funktionsaufruf sollten Sie mit Hilfe der Funktion 48 die aktuelle DOS-Version feststellen, um sicherzugehen, daß diese Funktion wirklich existiert.

▸ Es können nicht die einzelnen Parameter für ein Land, sondern es kann nur der Code des Landes gesetzt werden, für den die Parameter vom DOS vorgegeben werden.

▸ Der Inhalt der Register AX, BX, CX, DX, SI, DI, BP, CS, DS, SS und ES wird durch diese Funktion nicht verändert.

Interrupt 21h, Funktion 39h   **DOS**
Unterverzeichnis erstellen

Durch den Aufruf dieser Funktion wird ein neues Unterverzeichnis auf dem angegebenen Gerät erstellt.

Eingabe: AH = 39h
DS = Segmentadresse des Unterverzeichnispfades
DX = Offsetadresse des Unterverzeichnispfades

Ausgabe: Carry-Flag = 0: neues Unterverzeichnis erstellt
Carry-Flag = 1: Fehler, in diesem Fall
AX = 3: Pfad nicht gefunden
AX = 5: Zugriff verweigert

Bemerkungen:

▸ Der übergebene Unterverzeichnispfad ist ein ASCII-String, der durch ein Ende-Zeichen (ASCII-Code 0) beendet wird.

▸ Enthält der Unterverzeichnispfad eine Gerätebezeichnung, wird auf das angegebene Gerät zugegriffen, ansonsten wird das Unterverzeichnis auf dem aktuellen Gerät angelegt.

▸ Ein Fehler kann dann auftreten, wenn ein Element der Pfadbezeichnung nicht existiert, bereits ein Unterverzeichnis mit dem angegebenen Namen existiert oder das anzulegende Verzeichnis ein Unterverzeichnis des Hauptverzeichnisses ist und dieses bereits voll ist.

▸ Der Inhalt der Register BX, CX, DX, SI, DI, BP, CS, DS, SS und ES wird durch diese Funktion nicht verändert.

Durch den Aufruf dieser Funktion wird ein Unterverzeichnis auf dem angegebenen Gerät gelöscht.

Eingabe:　AH = 3Ah
　　　　　　　DS = Segmentadresse des Unterverzeichnispfades
　　　　　　　DX = Offsetadresse des Unterverzeichnispfades

Ausgabe:　Carry-Flag = 0: Unterverzeichnis gelöscht
　　　　　　　Carry-Flag = 1: Fehler, in diesem Fall
　　　　　　　AX = 3: Pfad nicht gefunden
　　　　　　　AX = 5: Zugriff verweigert
　　　　　　　AX = 6: zu löschendes Verzeichnis ist aktuelles Verzeichnis

Bemerkungen:

▶ Der übergebene Unterverzeichnispfad ist ein ASCII-
　String, der durch ein Ende-Zeichen (ASCII-Code 0)
　beendet wird.

▶ Enthält der Unterverzeichnispfad eine Gerätebezeich-
　nung, wird auf das angegebene Gerät zugegriffen, an-
　sonsten wird das Unterverzeichnis auf dem aktuellen
　Gerät gelöscht.

▶ Ein Fehler kann dann auftreten, wenn ein Element der
　Pfadbezeichnung nicht existiert, das Unterverzeichnis
　das aktuelle Verzeichnis ist oder sich noch Dateien in
　dem zu löschenden Unterverzeichnis befinden.

▶ Der Inhalt der Register BX, CX, DX, SI, DI, BP, CS,
　DS, SS und ES wird durch diese Funktion nicht ver-
　ändert.

Durch den Aufruf dieser Funktion wird das aktuelle
Unterverzeichnis für das angegebene Gerät gesetzt.

Eingabe:　AH = 3Bh
　　　　　　　DS = Segmentadresse des Unterverzeichnispfades
　　　　　　　DX = Offsetadresse des Unterverzeichnispfades

Carry-Flag = 0: aktuelles Unterverzeichnis gesetzt
Carry-Flag = 1: Fehler, in diesem Fall
AX = 3: Pfad nicht gefunden

Bemerkungen:

▶ Der übergebene Unterverzeichnispfad ist ein ASCII-String, der durch ein Ende-Zeichen (ASCII-Code 0) beendet wird.

▶ Enthält der Unterverzeichnispfad eine Gerätebezeichnung, wird auf das angegebene Gerät zugegriffen, ansonsten wird das Unterverzeichnis auf dem aktuellen Gerät geändert.

▶ Ein Fehler kann dann auftreten, wenn ein Element der Pfadbezeichnung nicht existiert.

▶ Der Inhalt der Register BX, CX, DX, SI, DI, BP, CS, DS, SS und ES wird durch diese Funktion nicht verändert.

Interrupt 21h, Funktion 3Ch   **DOS**
Datei erstellen oder leeren (Handle)

Nach dem Aufruf dieser Funktion untersucht das DOS, ob die angegebene Datei bereits vorhanden ist. Ist dies der Fall, wird sie geleert, und ihr bisheriger Inhalt geht unwiederbringlich verloren. Existiert die genannte Datei jedoch noch nicht, so wird sie erstellt.

Eingabe: AH = 3Ch
CX = Datei-Attribut
Bit 0 = 1: Datei darf nur gelesen werden
Bit 1 = 1: versteckte Datei
Bit 2 = 1: Systemdatei
DS = Segmentadresse des Dateinamens
DX = Offsetadresse des Dateinamens

Ausgabe: Carry-Flag = 0: o.k., in diesem Fall AX = Handle der Datei
Carry-Flag = 1: Fehler, in diesem Fall AX = Fehler-Code
3: Pfad nicht gefunden
4: kein freies Handle mehr
5: Zugriff verweigert

Bemerkungen:

▸ Die verschiedenen Bits des Datei-Attributs können miteinander kombiniert werden.

▸ Der Dateiname muß als ASCII-String vorliegen, der durch ein Ende-Zeichen (ASCII-Code 0) abgeschlossen wird. Er darf neben einer Gerätebezeichnung eine komplette Pfadbezeichnung und einen Dateinamen, aber keine Wildcards enthalten. Fehlt die Geräte- oder die Pfadbezeichnung, wird auf das aktuelle Gerät bzw. auf das aktuelle Verzeichnis zugegriffen.

▸ Ein Fehler beim Aufruf dieser Funktion tritt immer dann auf, wenn ein Element der Pfadbezeichnung nicht existiert, die Datei im Hauptverzeichnis erstellt werden soll, dieses aber bereits voll ist, oder wenn eine Datei mit dem angegebenen Namen bereits existiert, diese aber nicht geleert werden kann, weil sie schreibgeschützt (Bit 0 im Datei-Attribut = 1) ist.

▸ Wurde der Funktionsaufruf ordnungsgemäß beendet, können über das übergebene Handle alle anderen Handle-Funktionen aufgerufen werden, da die Datei zusätzlich geöffnet wurde.

▸ Der Dateizeiger wird auf das erste Byte der Datei gesetzt.

▸ Der Inhalt der Register BX, CX, DX, SI, DI, BP, CS, DS, SS und ES wird durch diese Funktion nicht verändert.

Interrupt 21h, Funktion 3Dh   **DOS**
Datei öffnen (Handle)

Durch den Aufruf dieser Funktion wird eine bereits bestehende Datei zum Zugriff über andere Funktionen geöffnet.

Eingabe: AH = 3Dh
                 AL = Zugriffsmodus

Bit 0 - 2: Lese-/Schreiberlaubnis
        000(b) = Datei darf nur gelesen werden
        001(b) = Datei darf nur beschrieben werden
        010(b) = Datei darf gelesen und beschrieben
                  werden

Bit 3:   0(b)

Bit 4 - 6: File-Sharing-Modus
        000(b) = nur das aktuelle Programm darf
                  auf die Datei zugreifen (FCB-
                  Modus)
        001(b) = nur das aktuelle Programm darf
                  auf die Datei zugreifen
        010(b) = ein anderes Programm darf die
                  Datei lesen, nicht aber beschreiben
        011(b) = ein anderes Programm darf die
                  Datei beschreiben, nicht aber lesen
        100(b) = ein anderes Programm darf die
                  Datei lesen und beschreiben

Bit 7:   Handle-Flag
        0 = auch das Kind-Programm des
             aktuellen Programms darf auf das
             Handle dieser Datei zugreifen
        1 = nur das aktuelle Programm darf
             auf das Handle dieser Datei
             zugreifen

DS = Segmentadresse des Dateinamens
DX = Offsetadresse des Dateinamens

Ausgabe: Carry-Flag = 0: o.k., in diesem Fall AX = Handle der Datei
Carry-Flag = 1: Fehler, in diesem Fall AX = Fehler-Code
    1: fehlende File-Sharing-Software
    2: Datei nicht gefunden
    3: Pfad nicht gefunden oder Datei existiert
       nicht
    4: kein freies Handle mehr
    5: Zugriff verweigert
    12: nicht erlaubter Zugriffsmodus

Bemerkungen:

▸ Der Dateiname muß als ASCII-String vorliegen, der durch ein Ende-Zeichen (ASCII-Code 0) abgeschlossen wird. Er darf neben einer Gerätebezeichnung eine komplette Pfadbezeichnung und einen Dateinamen, aber keine Wildcards enthalten. Fehlt die Gerätebezeichnung oder die Pfadbezeichnung, wird auf das aktuelle Gerät bzw. auf das aktuelle Verzeichnis zugegriffen.

▸ Wurde der Funktionsaufruf ordnungsgemäß beendet, können über das übergebene Handle alle anderen Handle-Funktionen aufgerufen werden.

► Der Dateizeiger wird auf das erste Byte der Datei gesetzt.

► Unter der DOS-Version 2 sind nur die Bits 0 bis 2 des Zugriffsmodus relevant. Alle anderen Bits sollten 0 sein, um eine ordnungsgemäße Ausführung des Funktionsaufrufs auch unter der Version 3 zu gewährleisten.

► Der File-Sharing-Modus in den Bits 4 bis 6 des Zugriffsmodus ist auch unter der DOS-Version 3 nur dann interessant, wenn sich die Datei auf einem Massenspeicher befindet, der Teil eines Netzwerkes ist. In einem solchen Fall entscheiden diese 3 Bits darüber, ob und wie auf die Datei, während sie durch den aktuellen Funktionsaufruf geöffnet ist, noch andere Programme zugreifen dürfen, die auf anderen PCs des Netzwerks abgearbeitet werden.

► Der Fehler 12 kann nur unter der DOS-Version 3 und nur innerhalb eines Netzwerkes auftreten, wenn die Datei bereits von einem anderen Programm geöffnet worden ist und dabei festgelegt wurde, daß im Augenblick kein anderes Programm auf sie zugreifen darf.

► Der Inhalt der Register BX, CX, DX, SI, DI, BP, CS, DS, SS und ES wird durch diese Funktion nicht verändert.

| Interrupt 21h, Funktion 3Eh | DOS |
| Datei schließen (Handle) | |

Eine zuvor geöffnete Datei wird durch den Aufruf dieser Funktion wieder geschlossen. Zuvor werden jedoch alle Daten, die in die Datei geschrieben werden sollen, sich aber noch in den internen Puffern des DOS befinden, in die Datei geschrieben. Falls die Datei verändert worden ist, wird außerdem der Directory-Eintrag der Datei aufgefrischt, d.h. die neue Größe der Datei wird in ihn eingetragen, und das aktuelle Datum und die aktuelle Uhrzeit werden als letztes Modifikationsdatum vermerkt.

Eingabe: AH = 3Eh
            BX = zu schließender Handle

Ausgabe: Carry-Flag = 0: o.k.
            Carry-Flag = 1: Fehler, in diesem Fall
            AX = 6: unerlaubtes Handle oder zugeordnete Datei nicht
                    geöffnet

Bemerkungen:

▶ Diese Funktion sollte nicht versehentlich mit der Nummer eines der vorgegebenen Handles (mit den Nummern 0 bis 4) aufgerufen werden, da es sonst z.B. passieren könnte, daß das Standard-Eingabegerät oder das Standard-Ausgabegerät geschlossen wird und dadurch keine Zeichen mehr von der Tastatur empfangen oder auf dem Bildschirm ausgegeben werden können.

▶ Der Inhalt der Register BX, CX, DX, SI, DI, BP, CS, DS, SS und ES wird durch diese Funktion nicht verändert.

Interrupt 21h, Funktion 3Fh   **DOS**
Datei lesen (Handle)

Aus einer zuvor geöffneten Datei (bzw. von einem Gerät) können mit Hilfe eines Handles eine bestimmte Anzahl von Zeichen eingelesen und in einen Puffer übertragen werden. Die Leseoperation beginnt dabei an der aktuellen Position des Dateizeigers.

Eingabe: AH = 3Fh
            BX = Handle der Datei oder des Geräts
            CX = Anzahl der zu lesenden Bytes
            DS = Segmentadresse des Puffers
            DX = Offsetadresse des Puffers

Ausgabe: Carry-Flag = 0: o.k., in diesem Fall AX = Anzahl der gele-
                            senen Bytes
            Carry-Flag = 1: Fehler, in diesem Fall AX = Fehler-Code
                            5: Zugriff verweigert
                            6: unerlaubtes Handle oder Datei nicht
                               geöffnet

Bemerkungen:

▶ Mit Hilfe dieser Funktion können nicht nur Zeichen aus einer Datei, sondern z.B. auch Zeichen von einem Gerät wie z.B. dem Standard-Eingabegerät (Tastatur), das den Handle 0 trägt, eingelesen werden.

▶ Wenn das Carry-Flag nach dem Funktionsaufruf gelöscht ist, das AX-Register aber den Wert 0 enthält, bedeutet das, daß sich der Dateizeiger schon vor Aufruf der Funktion am Ende der Datei befand und somit keine Daten eingelesen werden konnten.

▶ Wenn das Carry-Flag nach dem Funktionsaufruf gelöscht ist, der Inhalt des AX-Registers jedoch kleiner als der Inhalt des CX-Registers vor dem Funktionsaufruf ist, so bedeutet das, daß nicht die gewünschte Anzahl von Bytes gelesen werden konnte, weil zuvor das Datei-Ende erreicht wurde.

▶ Nach dem Funktionsaufruf befindet sich der Dateizeiger hinter dem letzten gelesenen Byte.

▶ Der Inhalt der Register BX, CX, DX, SI, DI, BP, CS, DS, SS und ES wird durch diese Funktion nicht verändert.

Interrupt 21h, Funktion 40h   **DOS**
Datei beschreiben (Handle)

In eine zuvor geöffnete Datei (bzw. auf ein Gerät) kann aus einem Puffer mit Hilfe eines Handles eine bestimmte Anzahl von Zeichen geschrieben werden. Die Schreiboperation beginnt dabei an der aktuellen Position des Dateizeigers.

Eingabe:
    AH = 40h
    BX = Handle der Datei oder des Geräts
    CX = Anzahl der zu schreibenden Bytes
    DS = Segmentadresse des Puffers
    DX = Offsetadresse des Puffers

Ausgabe: Carry-Flag = 0: o.k., in diesem Fall AX = Anzahl der geschriebenen Bytes
Carry-Flag = 1: Fehler, in diesem Fall AX = Fehler-Code
5: Zugriff verweigert
6: unerlaubtes Handle oder Datei nicht
geöffnet

Bemerkungen:

▸ Mit Hilfe dieser Funktion können nicht nur Zeichen in
eine Datei, sondern z.B. auch Zeichen auf ein Gerät wie
z.B. dem Standard-Ausgabegerät (Bildschirm), das mit
dem Handle 1 verbunden ist, geschrieben werden.

▸ Wenn das Carry-Flag nach dem Funktionsaufruf gelöscht ist, das AX-Register aber den Wert 0 enthält, bedeutet das, daß schon vor Aufruf der Funktion das
Gerät voll war, auf dem sich die Datei befindet.

▸ Wenn das Carry-Flag nach dem Funktionsaufruf gelöscht ist, der Inhalt des AX-Registers jedoch kleiner
als der Inhalt des CX-Registers vor dem Funktionsaufruf ist, so bedeutet das, daß nicht die gewünschte Anzahl von Bytes geschrieben werden konnte, weil zuvor
das Gerät voll war, auf dem sich die Datei befindet.

▸ Nach dem Funktionsaufruf befindet sich der Dateizeiger hinter dem letzten geschriebenen Byte.

▸ Der Inhalt der Register BX, CX, DX, SI, DI, BP, CS,
DS, SS und ES wird durch diese Funktion nicht verändert.

**Interrupt 21h, Funktion 41h   DOS
Datei löschen (Handle)**

Durch den Aufruf dieser Funktion wird eine Datei gelöscht, deren Namen der Funktion übergeben wird.

Eingabe: AH = 41h
DS = Segmentadresse des Dateinamens
DX = Offsetadresse des Dateinamens

191

Ausgabe: Carry-Flag = 0: o.k.
Carry-Flag = 1: Fehler, in diesem Fall AX = Fehler-Code
2: Datei nicht gefunden
5: Zugriff verweigert

Bemerkungen:

▶ Der Dateiname muß als ASCII-String vorliegen, der durch ein Ende-Zeichen (ASCII-Code 0) abgeschlossen wird. Er darf neben einer Gerätebezeichnung eine komplette Pfadbezeichnung und einen Dateinamen, aber keine Wildcards enthalten. Fehlt die Gerätebezeichnung oder die Pfadbezeichnung, wird auf das aktuelle Gerät bzw. auf das aktuelle Verzeichnis zugegriffen.

▶ Ein Fehler tritt immer dann auf, wenn ein Element der Pfadbezeichnung nicht existiert oder die Datei das Attribut "nur lesen" trägt und somit nicht beschrieben und nicht gelöscht werden darf. Dieses Attribut kann jedoch mit Hilfe der Funktion 43h verändert werden.

▶ Mit Hilfe dieser Funktionen können weder Unterverzeichnisse noch Volume-Namen gelöscht werden.

▶ Der Inhalt der Register BX, CX, DX, SI, DI, BP, CS, DS, SS und ES wird durch diese Funktion nicht verändert.

Interrupt 21h, Funktion 42h	DOS
Dateizeiger bewegen (Handle)	

Der Dateizeiger einer zuvor geöffneten Datei kann über deren Handle bewegt werden. Dadurch kann ein wahlfreier Dateizugriff erreicht werden, da die einzelnen Datensätze nicht mehr in sequentieller Reihenfolge gelesen werden müssen. Die neue Position des Dateizeigers wird dabei nicht absolut, sondern als Entfernung (Offset) von der aktuellen Position, von dem Anfang der Datei oder vom Ende der Datei angegeben. Der Offset selbst wird als eine 32-Bit-Zahl angegeben.

Eingabe: AH = 42h
AL = Offset-Code
0: der Offset bezieht sich auf den Anfang der Datei
1: der Offset bezieht sich auf die aktuelle Position des Dateizeigers
2: der Offset bezieht sich auf das Ende der Datei
BX = Handle
CX = Hi-Word des Offsets
DX = Lo-Word des Offsets

Ausgabe: Carry-Flag = 0: o.k., in diesem Fall
DX = Hi-Word des Dateizeigers
AX = Lo-Word des Dateizeigers
Carry-Flag = 1: in diesem Fall AX = Fehler-Code
1: nicht erlaubter Offset-Code
6: nicht erlaubtes Handle oder Datei nicht geöffnet

Bemerkungen:

▸ Wird mit den Offset-Codes 1 und 2 gearbeitet, darf der übergebene Offset auch negativ sein, um den Dateizeiger zurückzusetzen oder um ihn vor den Anfang der Datei zu plazieren. Dadurch wird es möglich, den Dateizeiger vor das Ende der Datei zu setzen. In einem solchen Fall tritt ein Fehler allerdings erst bei dem nächsten Lese- oder Schreibzugriff auf die Datei auf.

▸ Unabhängig davon, welcher Offset-Code beim Aufruf der Funktion übergeben wird, bezieht sich die Position des Dateizeigers, die nach dem Funktionsaufruf übergeben wird, immer auf den Anfang der Datei.

▸ Mit Hilfe dieser Funktion kann auch die Größe einer Datei ermittelt werden, indem als Offset-Code 2 und als Offset 0 übergeben wird. Der Dateizeiger wird dadurch auf das letzte Byte der Datei bewegt, und dessen Position (also die Anzahl der Bytes in der Datei und damit ihre Größe) wird nach dem Funktionsaufruf dem aufrufenden Programm zurückgeliefert.

▸ Der Inhalt der Register BX, CX, SI, DI, BP, CS, DS, SS und ES wird durch diese Funktion nicht verändert.

Das Attribut einer beliebigen Datei wird durch den Aufruf
dieser Funktion ermittelt.

Eingabe: AH = 43h
          AL = 0
          DS = Segmentadresse des Dateinamens
          DX = Offsetadresse des Dateinamens

Ausgabe: Carry-Flag = 0: o.k., in diesem Fall CX = Attribut der Datei
              Bit 0 = 1: Datei darf nur gelesen, nicht aber
                       beschrieben werden
              Bit 1 = 1: Datei ist versteckt (wird bei DIR nicht
                       angezeigt)
              Bit 2 = 1: Datei ist System-Datei
              Bit 3 = 1: Datei ist der Volume-Name
              Bit 4 = 1: Datei ist ein Unterverzeichnis
              Bit 5 = 1: Datei ist seit der letzten Archivierung
                       verändert worden
          Carry-Flag = 1: Fehler, in diesem Fall AX = Fehler-Code
              1: unbekannter Funktionscode
              2: Datei nicht gefunden
              3: Pfad nicht gefunden

Bemerkungen:

► Der Dateiname muß als ASCII-String vorliegen, der
  durch ein Ende-Zeichen (ASCII-Code 0) abgeschlossen
  wird. Er darf neben einer Gerätebezeichnung eine komplette Pfadbezeichnung und einen Dateinamen, aber
  keine Wildcards enthalten. Fehlt die Gerätebezeichnung
  oder die Pfadbezeichnung, wird auf das aktuelle Gerät
  bzw. auf das aktuelle Verzeichnis zugegriffen.

► Ein Fehler tritt immer dann auf, wenn ein Element der
  Pfadbezeichnung oder die Datei nicht existiert.

► Der Inhalt der Register BX, DX, SI, DI, BP, CS, DS, SS
  und ES wird durch diese Funktion nicht verändert.

Das Attribut einer beliebigen Datei wird durch den Aufruf
dieser Funktion gesetzt.

Eingabe: AH = 43h
            AL = 1
            CX = Attribut der Datei
                 Bit 0 = 1: Datei darf nur gelesen, nicht aber be-
                            schrieben werden
                 Bit 1 = 1: Datei ist versteckt (wird bei DIR nicht an-
                            gezeigt)
                 Bit 2 = 1: Datei ist System-Datei
                 Bit 3 = 0
                 Bit 4 = 0
                 Bit 5 = 1: Datei ist seit der letzten Archivierung
                            verändert worden
            DS = Segmentadresse des Dateinamens
            DX = Offsetadresse des Dateinamens

Ausgabe: Carry-Flag = 0: o.k.
            Carry-Flag = 1: Fehler, in diesem Fall AX = Fehler-Code
                         1: unbekannter Funktionscode
                         2: Datei nicht gefunden
                         3: Pfad nicht gefunden
                         5: Attribut kann nicht geändert werden

Bemerkungen:

► Der Dateiname muß als ASCII-String vorliegen, der
  durch ein Ende-Zeichen (ASCII-Code 0) abgeschlossen
  wird. Er darf neben einer Gerätebezeichnung eine komplette Pfadbezeichnung und einen Dateinamen, aber
  keine Wildcards enthalten. Fehlt die Gerätebezeichnung
  oder die Pfadbezeichnung, wird auf das aktuelle Gerät
  bzw. auf das aktuelle Verzeichnis zugegriffen.

► Ein Fehler tritt immer dann auf, wenn ein Element der
  Pfadbezeichnung oder die Datei nicht existiert.

► Mit Hilfe dieser Funktion können weder Unterverzeichnisse noch Volume-Namen manipuliert werden.
  Aus diesem Grund müssen die Bits 3 und 4 des Datei-
  Attributs bei Aufruf der Funktion 0 sein. Wird dennoch
  auf ein Unterverzeichnis oder einen Volume-Namen
  zugegriffen, wird der Fehler-Code 5 zurückgeliefert.

▶ Der Inhalt der Register BX, CX, DX, SI, DI, BP, CS, DS, SS und ES wird durch diese Funktion nicht verändert. Der Inhalt aller anderen Register kann verändert worden sein.

Interrupt 21h, Funkt. 44h, Unterfunkt. 0   DOS
Zugriff auf Gerätetreiber (IOCTL): Geräte-Attribut lesen

Mit Hilfe dieser Funktion kann das Geräte-Attribut eines Zeichentreibers, das im Kopf dieses Treibers gespeichert ist, ausgelesen werden.

Eingabe: AH = 44h
            AL = 0
            BX = Handle

Ausgabe: Carry-Flag = 0: o.k., in diesem Fall DX = Geräte-Attribut
            Bit 14 = 1: Der Treiber kann über die Unterfunktionen
                        2 und 3 der IOCTL-Funktion besondere
                        Steuer-Zeichenketten verarbeiten.
            Bit 7 = 1: Der Treiber ist ein Zeichentreiber.
            Bit 5 = 0: Der Treiber arbeitet im Cooked-Modus.
                     1: Der Treiber arbietet im Raw-Modus.
            Bit 3 = 1: Der Treiber ist ein Uhr-Treiber.
            Bit 2 = 1: Der Treiber ist der NUL-Treiber.
            Bit 1 = 1: Der Treiber ist der Konsolen-Ausgabe-
                        treiber (Bildschirm).
            Bit 0 = 1: Der Treiber ist der Konsolen-Eingabetreiber
                        (Tastatur).
            Carry-Flag = 1: Fehler, in diesem Fall AX = Fehler-Code
                     1: unbekannter Funktionscode
                     6: nicht geöffnetes oder existierendes Handle

Bemerkungen:

▶ Es wird nicht der Name des angesprochenen Zeichentreibers, sondern ein Handle übergeben, das mit diesem Treiber verbunden sein muß. Dies kann z.B. eines der 5 vorgegebenen Handles (mit den Nummern 0 bis 4) sein. Es kann allerdings auch zuvor ein Handle auf ein bestimmtes Gerät mit Hilfe der Öffnen-Funktion (Funktionsnummer 61) geöffnet werden und dieses Handle der Funktion übergeben werden. Da z.B. die Standardein- und ausgabe (die Handles 0 und 1) umgelegt werden kann, bietet dieses Verfahren die Gewähr dafür, daß auf jeden Fall auf das angegebene Gerät zugegriffen wird.

► Wenn das Bit 7 im Geräte-Attribut nicht 1 ist, so handelt es sich bei dem angesprochenen Treiber nicht um einen Zeichentreiber, und die Bedeutung der einzelnen Bits im Geräte-Attribut stimmt nicht mit der eines Zeichentreibers überein.

► Der Inhalt der Register BX, CX, SI, DI, BP, CS, DS, SS und ES wird durch diese Funktion nicht verändert.

Interrupt 21h, Funkt. 44h, Unterfunkt. 1   DOS
Zugriff Gerätetreiber (IOCTL): Geräte-Attribut setzen

Mit Hilfe dieser Funktion kann das Geräte-Attribut eines Zeichentreibers, das im Kopf dieses Treibers gespeichert ist, gesetzt werden.

Eingabe: AH = 44h
AL = 1
BX = Handle
DX = Geräte-Attribut
Bit 14 = 1: Der Treiber kann über die Unterfunktionen 2 und 3 der IOCTL-Funktion besondere Steuer-Zeichenketten verarbeiten.
Bit 7 = 1: Der Treiber ist ein Zeichentreiber.
Bit 5 = 0: Der Treiber arbeitet im Cooked-Modus.
1: Der Treiber arbeitet im Raw-Modus.
Bit 3 = 1: Der Treiber ist ein Uhr-Treiber.
Bit 2 = 1: Der Treiber ist der NUL-Treiber.
Bit 1 = 1: Der Treiber ist der Konsolen-Ausgabetreiber (Bildschirm).
Bit 0 = 1: Der Treiber ist der Konsolen-Eingabetreiber (Tastatur).

Ausgabe: Carry-Flag = 0: o.k.
Carry-Flag = 1: Fehler, in diesem Fall AX = Fehler-Code
1: unbekannter Funktionscode
6: nicht geöffnetes oder existierendes Handle

Bemerkungen:

► Es wird nicht der Name des angesprochenen Zeichentreibers, sondern ein Handle übergeben, das mit diesem Treiber verbunden sein muß. Dies kann z.B. eines der 5 vorgegebenen Handles (mit den Nummern 0 bis 4) sein. Es kann allerdings auch zuvor ein Handle auf ein bestimmtes Gerät mit Hilfe der Öffnen-Funktion (Funktionsnummer 61) geöffnet werden und dieses

tion (Funktionsnummer 61) geöffnet werden und dieses Handle der Funktion übergeben werden. Da z.B. die Standard-Ein- und -Ausgabe (die Handles 0 und 1) umgelegt werden kann, bietet dieses Verfahren die Gewähr dafür, daß auf jeden Fall auf das angegebene Gerät zugegriffen wird.

▶ Sollen verschiedene Bits des Geräte-Attributs mit Hilfe dieser Funktion verändert werden, sollte zunächst das Geräte-Attribut mit Hilfe der Unterfunktion 0 eingelesen werden. Danach können die entsprechenden Bits manipuliert und das Geräte-Attribut kann mit Hilfe dieser Funktion wieder an den Gerätetreiber übermittelt werden.

▶ Diese Funktion ist besonders nützlich, wenn es darum geht, einen Zeichentreiber über das Bit 5 im Geräte-Attribut zwischen dem Raw- und dem Cooked-Modus hin- und herzuschalten.

▶ Der Inhalt der Register BX, CX, DX, SI, DI, BP, CS, DS, SS und ES wird durch diese Funktion nicht verändert.

Interrupt 21h, Funkt. 44h, Unterfunkt. 2   **DOS**
Zugriff auf Gerätetreiber (IOCTL): Daten von
Zeichentreiber empfangen

Durch den Aufruf dieser Funktion kann ein Anwendungsprogramm auf direktem Wege Daten von einem Zeichentreiber empfangen. Die Anzahl der zu lesenden Bytes, die von dem Treiber in einen Puffer kopiert werden, wird dabei von der aufrufenden Funktion festgelegt. Die Art der Daten und ihre Struktur wird vom DOS nicht vorgegeben, sondern kann vom jeweiligen Treiber individuell festgelegt werden.

Eingabe: AH = 44h
                AL = 2
                BX = Handle
                CX = Anzahl der zu lesenden Bytes
                DS = Segmentadresse des Puffers
                DX = Offsetadresse des Puffers

Ausgabe: Carry-Flag = 0: o.k., in diesem Fall AX = Anzahl der über-
tragenen Bytes
Carry-Flag = 1: Fehler, in diesem Fall AX = Fehler-Code
1: unbekannter Funktionscode
6: nicht geöffnetes oder existierendes Handle

Bemerkungen:

► Es wird nicht der Name des angesprochenen Zeichentreibers, sondern ein Handle übergeben, das mit diesem
Treiber verbunden sein muß. Dies kann z.B. eines der 5
vorgegebenen Handles (mit den Nummern 0 bis 4) sein.
Es kann allerdings auch zuvor ein Handle auf ein bestimmtes Gerät mit Hilfe der Öffnen-Funktion (Funktionsnummer 61) geöffnet werden und dieses Handle
der Funktion übergeben werden. Da z.B. die Standard-
Ein- und -Ausgabe (die Handles 0 und 1) umgelegt
werden kann, bietet dieses Verfahren die Gewähr dafür,
daß auf jeden Fall auf das angegebene Gerät zugegriffen wird.

► Es tritt auch immer dann ein Fehler auf, wenn mit dem
übergebenen Handle kein Zeichentreiber, sondern ein
Blocktreiber verbunden ist.

► Der Inhalt der Register BX, CX, DX, SI, DI, BP, CS,
DS, SS und ES wird durch diese Funktion nicht verändert.

**Interrupt 21h, Funkt. 44h, Unterfunkt. 3   DOS
Zugriff auf Gerätetreiber (IOCTL): Daten an
Zeichentreiber senden**

Durch den Aufruf dieser Funktion kann ein Anwendungsprogramm auf direktem Wege Daten an einen Zeichentreiber senden. Die Anzahl der zu sendenden Bytes, die aus
einem Puffer an den Treiber übermittelt werden, wird dabei von der aufrufenden Funktion festgelegt. Die Art der
Daten und ihre Struktur wird vom DOS nicht vorgegeben,
sondern kann vom jeweiligen Treiber individuell festgelegt
werden.

Eingabe: AH = 44h
AL = 3
BX = Handle
CX = Anzahl der zu übertragenden Bytes
DS = Segmentadresse des Puffers
DX = Offsetadresse des Puffers

Ausgabe: Carry-Flag = 0: o.k., in diesem Fall AX = Anzahl der über-
tragenen Bytes
Carry-Flag = 1: Fehler, in diesem Fall AX = Fehler-Code
1: unbekannter Funktionscode
6: nicht geöffnetes oder existierendes Handle

Bemerkungen:

▶ Es wird nicht der Name des angesprochenen Zeichentreibers, sondern ein Handle übergeben, das mit diesem
Treiber verbunden sein muß. Dies kann z.B. eines der 5
vorgegebenen Handles (mit den Nummern 0 bis 4) sein.
Es kann allerdings auch zuvor ein Handle auf ein bestimmtes Gerät mit Hilfe der Öffnen-Funktion (Funktionsnummer 61) geöffnet werden und dieses Handle
der Funktion übergeben werden. Da z.B. die Standard-
ein- und ausgabe (die Handles 0 und 1) umgelegt werden kann, bietet dieses Verfahren die Gewähr dafür,
daß auf jeden Fall auf das angegebene Gerät zugegriffen wird.

▶ Es tritt auch immer dann ein Fehler auf, wenn mit dem
übergebenen Handle kein Zeichentreiber, sondern ein
Blocktreiber verbunden ist.

▶ Der Inhalt der Register BX, CX, DX, SI, DI, BP, CS,
DS, SS und ES wird durch diese Funktion nicht verändert.

Interrupt 21h, Funkt. 44h, Unterfunkt. 4   DOS
Zugriff auf Gerätetreiber (IOCTL): Daten von
Blocktreiber empfangen

Durch den Aufruf dieser Funktion kann ein Anwendungsprogramm auf direktem Wege Daten von einem Blocktreiber empfangen. Die Anzahl der zu lesenden Bytes, die
von dem Treiber in einen Puffer kopiert werden, wird dabei von der aufrufenden Funktion festgelegt. Die Art der

Daten und ihre Struktur wird vom DOS nicht vorgegeben, sondern kann vom jeweiligen Treiber individuell festgelegt werden.

Eingabe: AH = 44h
AL = 4
BX = Gerätebezeichnung
CX = Anzahl der zu lesenden Bytes
DS = Segmentadresse des Puffers
DX = Offsetadresse des Puffers

Ausgabe: Carry-Flag = 0: o.k., in diesem Fall AX = Anzahl der über-
tragenen Bytes
Carry-Flag = 1: Fehler, in diesem Fall AX = Fehler-Code
1: unbekannter Funktionscode
15: unbekanntes Gerät

Bemerkungen:

▸ Die Gerätebezeichnung gibt nicht direkt den Gerätetreiber, sondern das Gerät wieder, von dem die Daten
empfangen werden sollen. Der Code 0 steht dabei für
das Gerät A, 1 für B usw.

▸ Der Inhalt der Register BX, CX, DX, SI, DI, BP, CS,
DS, SS und ES wird durch diese Funktion nicht verändert.

Interrupt 21h, Funkt. 44h, Unterfunkt. 5   **DOS**
Zugriff auf Gerätetreiber (IOCTL): Daten an
Blocktreiber übertragen

Durch den Aufruf dieser Funktion kann ein Anwendungsprogramm auf direktem Wege Daten an einen Blocktreiber
übertragen. Die Anzahl der zu übertragenden Bytes, die aus
einem Puffer an den Treiber übermittelt werden, wird dabei von der aufrufenden Funktion festgelegt. Die Art der
Daten und ihre Struktur werden vom DOS nicht vorgegeben, sondern können vom jeweiligen Treiber individuell
festgelegt werden.

Eingabe: AH = 44h
AL = 5
BX = Gerätebezeichnung
CX = Anzahl der zu übertragenden Bytes
DS = Segmentadresse des Puffers
DX = Offsetadresse des Puffers

Carry-Flag = 0: o.k., in diesem Fall AX = Anzahl der über-
                     tragenen Bytes
          Carry-Flag = 1: Fehler, in diesem Fall AX = Fehler-Code
                     1: unbekannter Funktionscode
                     15: unbekanntes Gerät

Bemerkungen:

▸ Die Gerätebezeichnung gibt nicht direkt den Gerätetreiber, sondern das Gerät wieder, von dem die Daten
  empfangen werden sollen. Der Code 0 steht dabei für
  das Gerät A, 1 für B usw.

▸ Der Inhalt der Register BX, CX, DX, SI, DI, BP, CS,
  DS, SS und ES wird durch diese Funktion nicht verändert.

Interrupt 21h, Funkt. 44h, Unterfunkt. 6   **DOS**
Zugriff auf Gerätetreiber (IOCTL): Eingabe-
Status abfragen

Mit Hilfe dieser Funktion kann ermittelt werden, ob ein
Gerätetreiber in der Lage ist, Daten an ein Programm zu
übertragen.

Eingabe: AH = 44h
            AL = 6
            BX = Handle

Ausgabe: Carry-Flag = 0: o.k., in diesem Fall AX = Eingabe-Status
                       0: der Treiber ist nicht bereit
                       255: der Treiber ist bereit
            Carry-Flag = 1: Fehler, in diesem Fall AX = Fehler-Code
                       1: unbekannter Funktionscode
                       5: Zugriff verweigert

Bemerkungen:

▸ Das übergebene Handle kann entweder mit einem
  Zeichentreiber oder mit einer Datei verbunden sein.

▸ Der Inhalt der Register BX, CX, DX, SI, DI, BP, CS,
  DS, SS und ES wird durch diese Funktion nicht verändert.

Mit Hilfe dieser Funktion kann ermittelt werden, ob ein Gerätetreiber in der Lage ist, Daten von einem anderen Programm zu empfangen.

Eingabe: AH = 44h
             AL = 7
             BX = Handle

Ausgabe: Carry-Flag = 0: o.k., in diesem Fall AX = Ausgabe-Status
                           0: der Treiber ist nicht bereit
                         255: der Treiber ist bereit
             Carry-Flag = 1: Fehler, in diesem Fall
                           1: unbekannter Funktionscode
                           5: Zugriff verweigert

Bemerkungen:

▸ Das übergebene Handle kann entweder mit einem Zeichentreiber oder mit einer Datei verbunden sein.

▸ Ist das Handle mit einer Datei verbunden, signalisiert der zugehörige Blocktreiber immer die Bereitschaft zum Empfang von Daten, selbst wenn das Medium, auf dem sich die Datei befindet, bereits voll ist und somit keine weiteren Daten mehr an das Ende der Datei angehängt werden können.

▸ Der Inhalt der Register BX, CX, DX, SI, DI, BP, CS, DS, SS und ES wird durch diese Funktion nicht verändert.

Mit Hilfe dieser Funktion wird ermittelt, ob das Medium (Diskette, Festplatte etc.) auf einem Gerät wechselbar ist.

Eingabe: AH = 44h
             AL = 8
             BL = Gerätebezeichnung

Ausgabe: Carry-Flag = 0: o.k., in diesem Fall
AX = 0: Medium ist wechselbar
AX = 1: Medium ist nicht wechselbar
Carry-Flag = 1: Fehler, in diesem Fall AX = Fehler-Code
1: unbekannter Funktionscode
15: unbekanntes Gerät

Bemerkungen:

▶ Die Gerätebezeichnung gibt nicht direkt den Gerätetreiber, sondern das Gerät wieder, das angesprochen werden soll. Der Code 0 steht dabei für das Gerät A, 1 für B usw.

▶ Der Inhalt der Register BX, CX, DX, SI, DI, BP, CS, DS, SS und ES wird durch diese Funktion nicht verändert.

Interrupt 21h, Funkt. 44h, Unterfunkt. 9 DOS (ab Vers. 3) Zugriff auf Gerätetreiber (IOCTL): Device-Remote-Test

Durch Aufruf dieser Funktion kann festgestellt werden, ob das angegebene Laufwerk (Device) Bestandteil des PCs ist, auf dem die Abfrage stattfindet (local), oder ob es sich innerhalb des Netzwerks auf einem anderen PC befindet (remote).

Eingabe: AH = 44h
AL = 9
BL = Gerätebezeichnung

Ausgabe: Carry-Flag = 0: o.k., in diesem Fall DX = Geräte-Attribut
Bit 12 = 0: local
Bit 12 = 1: remote
Carry-Flag = 1: Fehler, in diesem Fall AX = Fehler-Code
1: unbekannter Funktionscode
15: unbekanntes Gerät

Bemerkungen:

▶ Diese Funktion kann nur aufgerufen werden, wenn die Netzwerk-Software installiert ist.

▶ Der Inhalt der Register BX, CX, SI, DI, BP, CS, DS, SS und ES wird durch diese Funktion nicht verändert.

Durch Aufruf dieser Funktion kann festgestellt werden, ob sich die mit dem Handle verbundene Datei auf dem PC befindet, auf dem die Abfrage stattfindet (local), oder ob sie sich innerhalb des Netzwerks auf einem anderen PC befindet (remote).

Eingabe: AH = 44h
AL = 10
BX = Handle

Ausgabe: Carry-Flag = 0: o.k., in diesem Fall DX = IOCTL-Code
Bit 15 = 0: local
Bit 15 = 1: remote
Carry-Flag = 1: Fehler, in diesem Fall AX = Fehler-Code
1: unbekannter Funktionscode
6: nicht geöffnetes oder existierendes Handle

Bemerkungen:

► Diese Funktion kann nur aufgerufen werden, wenn die Netzwerk-Software installiert ist.

► Der Inhalt der Register BX, CX, SI, DI, BP, CS, DS, SS und ES wird durch diese Funktion nicht verändert.

Innerhalb eines Netzwerks kann oft die Situation eintreten, daß ein Programm auf einem PC auf eine Datei zugreifen möchte, auf die bereits ein anderes Programm von einem anderen PC aus zugreift und die dadurch nicht geöffnet werden kann. In diesem Fall ist es nicht sinnvoll, vom Zu- griff auf die Datei abzulassen, da die Datei meist nach kurzer Zeit wieder zur Verfügung stehen wird. Um dies zu umgehen, verwaltet DOS intern zwei Variablen, die an- geben, wie oft der Zugriff auf eine Datei wiederholt und welche Pausen zwischen den einzelnen Zugriffsversuchen eingelegt werden sollen. Diese beiden Variablen können mit Hilfe dieser Funktion gesetzt werden.

Eingabe: AH = 44h
AL = 11
BX = Anzahl der Wiederholversuche
CX = Pause zwischen den Versuchen

Ausgabe: Carry-Flag = 0: o.k.
Carry-Flag = 1: Fehler, in diesem Fall AX = Fehler-Code
1: unbekannter Funktionscode

Bemerkungen:

▸ Diese Funktion kann nur aufgerufen werden, wenn die Netzwerk-Software installiert ist.

▸ Der Inhalt der Register BX, CX, DX, SI, DI, BP, CS, DS, SS und ES wird durch diese Funktion nicht verändert.

Interrupt 21h, Funktion 45h	DOS
Handle verdoppeln	

Durch den Aufruf dieser Funktion wird für ein übergebenes Handle ein zweites Handle angelegt, das mit der gleichen Datei bzw. mit dem gleichen Gerät des ersten Handle verbunden ist. Bezieht sich das erste Handle auf eine Datei, wird der Wert des Dateizeigers dieses Handles mit dem Dateizeiger des neuen Handles gekoppelt.

Eingabe: AH = 45h
BX = Handle

Ausgabe: Carry-Flag = 0: o.k., in diesem Fall AX = das neue Handle
Carry-Flag = 1: Fehler, in diesem Fall AX = Fehler-Code
4: kein weiteres Handle verfügbar
6: übergebenes Handle nicht geöffnet oder nicht vorhanden

Bemerkungen:

▸ Mit Hilfe dieser Funktion kann erreicht werden, daß der Directory-Eintrag einer Datei nach deren Modifikation aufgefrischt wird, ohne die Datei dazu schließen zu müssen. Dazu muß lediglich über diese Funktion ein neues Handle auf die Datei angefordert werden und dieses dann mit Hilfe der Funktion 3Eh geschlossen werden.

▶ Wenn der Dateizeiger eines der beiden Handles z.B. durch den Aufruf einer Lese- oder Schreibfunktion bewegt wird, so wird automatisch der Dateizeiger des anderen Handles mitbewegt.

▶ Der Inhalt der Register BX, CX, DX, SI, DI, BP, CS, DS, SS und ES wird durch diese Funktion nicht verändert.

Interrupt 21h, Funktion 46h   **DOS**
Handles angleichen

Der Funktion werden zwei Handles übergeben, die mit zwei unterschiedlichen Dateien bzw. Geräten verbunden sein. Der zweite Handle wird durch die Funktion an den ersten angeglichen, so daß er mit dem gleichen Gerät oder mit der gleichen Datei wie der erste Handle verbunden ist und sein Dateizeiger dem Wert des Dateizeigers des ersten Handles entspricht.

Eingabe: AH = 46h
                  BX = erster Handle
                  CX = zweiter (anzugleichender) Handle

Ausgabe: Carry-Flag = 0: o.k.
                  Carry-Flag = 1: Fehler, in diesem Fall AX = Fehler-Code
                                4: kein weiteres Handle verfügbar
                                6: übergebenes Handle nicht geöffnet oder
                                    nicht vorhanden

Bemerkungen:

▶ Wenn der zweite Handle bei Aufruf der Funktion mit einer geöffneten Datei verbunden ist, wird diese Datei zunächst geschlossen.

▶ Wenn der Dateizeiger eines der beiden Handles z.B. durch den Aufruf einer Lese- oder Schreibfunktion bewegt wird, so wird automatisch der Dateizeiger des anderen Handles mitbewegt.

▶ Der Inhalt der Register BX, CX, DX, SI, DI, BP, CS, DS, SS und ES wird durch diese Funktion nicht verändert.

Nach ihrem Aufruf trägt diese Funktion die komplette Pfadbezeichnung des aktuellen Verzeichnisses auf dem angegebenen Laufwerk in einen Puffer ein.

Eingabe: AH = 47h
            DL = Gerätebezeichnung
            DS = Segmentadresse des Puffers
            SI = Offsetadresse des Puffers

Ausgabe: Carry-Flag = 0: o.k.
            Carry-Flag = 1: Fehler, in diesem Fall
            AX = 15: unbekanntes Gerät

Bemerkungen:

▶ Bei der Gerätebezeichnung steht 0 für das aktuelle Laufwerk, 1 für das Laufwerk A, 2 für B usw.

▶ Die Pfadangabe im Puffer wird durch ein Ende-Zeichen (ASCII-Code 0) beendet. Ihr geht weder eine Gerätebezeichnung noch ein '\' für das Hauptverzeichnis voran. Ist das Hauptverzeichnis das aktuelle Verzeichnis, ist dadurch das Ende-Zeichen das erste Zeichen im Puffer.

▶ Der Inhalt der Register BX, CX, DX, SI, DI, BP, CS, DS, SS und ES wird durch diese Funktion nicht verändert.

Mit Hilfe dieser Funktion kann ein Speicherbereich für die Verwendung durch ein Programm reserviert werden.

Eingabe: AH = 48h
            BX = Anzahl der zu reservierenden Paragraphen

Ausgabe: Carry-Flag = 0: o.k., in diesem Fall AX = Segmentadresse
                        des Speicherbereichs
            Carry-Flag = 1: Fehler, in diesem Fall

```
AX = Fehler-Code
     7: Speicher-Kontroll-Block zerstört
     8: nicht mehr genug Speicher verfügbar
BX = Anzahl der noch zu Verfügung stehen Paragraphen
```

Bemerkungen:

▶ Ein Paragraph umfaßt jeweils 16 Bytes.

▶ Konnte der angeforderte Speicher reserviert werden, so beginnt er an der Adresse AX:0000.

▶ Innerhalb eines COM-Programms wird der Aufruf dieser Funktion immer fehlschlagen, da ihm bei seinem Start der gesamte freie Speicherplatz zugeordnet wird.

▶ Der Inhalt der Register CX, DX, SI, DI, BP, CS, DS, SS und ES wird durch diese Funktion nicht verändert.

Interrupt 21h, Funktion 49h   DOS
RAM-Speicher freigeben

Ein zuvor durch Aufruf der Funktion 72 reservierter Speicherbereich wird mit Hilfe dieser Funktion wieder freigegeben und kann dadurch wieder anderen Programmen zur Verfügung gestellt werden.

Eingabe: AH = 49h
              ES = Segmentadresse des Speicherbereichs

Ausgabe: Carry-Flag = 0: o.k.
              Carry-Flag = 1: Fehler, in diesem Fall AX = Fehler-Code
                           7: Speicher-Kontroll-Block zerstört
                           9: Speicherbereich mit der übergebenen
                              Segmentadresse wurde nicht reserviert

Bemerkungen:

▶ Die Größe des zu befreienden Speicherbereichs muß der Funktion nicht übergeben werden, da sie dem DOS bekannt ist.

▶ Wird die Funktion mit einer falschen Segmentadresse im ES-Register aufgerufen, kann dadurch u.U. ein Speicherbereich befreit werden, der einem ganz anderen

Programm zugeordnet ist. Dies aber kann unvorhersehbare Folgen haben, die sogar zum Absturz des Systems
führen können.

► Der Inhalt der Register BX, CX, DX, SI, DI, BP, CS,
DS, SS und ES wird durch diese Funktion nicht verändert.

Interrupt 21h, Funktion 4Ah   **DOS**
Größe eines Speicherbereichs ändern

Mit Hilfe dieser Funktion kann die Größe eines zuvor mit
Hilfe der Funktion 72 reservierten Speicherbereichs verändert werden. Dabei ist es möglich, den Speicherbereich
sowohl zu verkleinern als auch zu vergrößern.

Eingabe: AH = 4Ah
              BX = neue Größe des Speicherbereichs in Paragraphen
              ES = Segmentadresse des Speicherbereichs

Ausgabe: Carry-Flag = 0: o.k.
              Carry-Flag = 1: Fehler, in diesem Fall
              AX = Fehler-Code
                   7: Speicher-Kontroll-Block zerstört
                   8: nicht mehr genug Speicher verfügbar
              BX = Anzahl der noch zu Verfügung stehen Paragraphen

Bemerkungen:

► Ein Paragraph umfaßt jeweils 16 Bytes.

► Wird die Funktion mit einer falschen Segmentadresse im
ES-Register aufgerufen, kann dadurch u.U. die Größe
eines Speicherbereichs verändert werden, der einem
ganz anderen Programm zugeordnet ist. Dies aber kann
unvorhersehbare Folgen haben, die sogar zum Absturz
des Systems führen können.

► Ein COM-Programm sollte sich dieser Funktion bedienen, um allen Speicher freizugeben, den es nicht
wirklich benötigt, da ihm bei seinem Start der gesamte
zur Verfügung stehende RAM-Speicher zugeteilt wird.
Dies ist besonders vor Aufruf der EXEC-Funktion
(Funktionsnummer 75) erforderlich.

► Der Inhalt der Register CX, DX, SI, DI, BP, CS, DS, SS und ES wird durch diese Funktion nicht verändert.

Interrupt 21h, Funktion 4Bh, Unterfunktion 0   DOS
EXEC: anderes Programm ausführen

Diese Funktion ermöglicht es einem Programm, ein anderes Programm ausführen zu lassen, um nach dessen Ausführung selbst weiter abgearbeitet zu werden. Dazu muß der Funktion neben dem Namen des auszuführenden Programms auch die Adresse eines Parameterblocks übergeben werden, der die für die Funktion wichtigen Informationen enthält.

Eingabe: AH = 4Bh
AL = 0
ES = Segmentadresse des Parameterblocks
BX = Offsetadresse des Parameterblocks
DS = Segmentadresse des Programmnamens
DX = Offsetadresse des Programmnamens

Ausgabe: Carry-Flag = 0: o.k.
Carry-Flag = 1: Fehler, in diesem Fall AX = Fehler-Code
1: unbekannter Funktionscode
2: Pfad oder Programm nicht gefunden
5: Zugriff verweigert
8: nicht genügend Speicherbereich
10: falscher Environment-Block
11: falsches Format

Bemerkungen:

► Der Programmname muß als ASCII-String vorliegen, der durch ein Ende-Zeichen (ASCII-Code 0) abgeschlossen wird. Er darf neben einer Gerätebezeichnung eine komplette Pfadbezeichnung und einen Dateinamen, aber keine Wildcards enthalten. Fehlt die Gerätebezeichnung oder die Pfadbezeichnung, wird auf das aktuelle Gerät bzw. auf das aktuelle Verzeichnis zugegriffen.

► Es können nur EXE- oder COM-Programme zur Ausführung gebracht werden. Um eine Batch-Datei ausführen zu können, muß der Kommandoprozessor (COMMAND.COM) mit dem Parameter '/c' gefolgt vom Namen der Batch-Datei aufgerufen werden.

► Der Parameterblock muß folgendes Format haben:

Byte	0 - 1:	Segmentadresse des Environment-Blocks
Byte	2 - 3:	Offsetadresse der Kommandoparameter
Byte	4 - 5:	Segmentadresse der Kommandoparameter
Byte	6 - 7:	Offsetadresse des ersten FCB
Byte	8 - 9:	Segmentadresse des ersten FCB
Byte	10 - 11:	Offsetadresse des zweiten FCB
Byte	12 - 13:	Segmentadresse des zweiten FCB

► Wird als Segmentadresse des Environment-Blocks der Wert 0 übergeben, so verfügt das aufgerufene Programm über den gleichen Environment-Block wie das aufrufende Programm.

► Die Kommandoparameter müssen im Speicher in der Art gespeichert sein, daß zunächst die Anzahl der Zeichen in der Kommandozeile als Byte abgespeichert wird. Darauf folgen die einzelnen ASCII-Zeichen, die durch ein Carriage-Return (ASCII-Code 13) beendet werden. Dieses Carriage-Return wird allerdings bei der Anzahl der Zeichen nicht mitgezählt.

► Der erste übergebene FCB wird ab der Adresse 5Ch, der zweite ab der Adresse 6Ch in den PSP des aufgerufenen Programms kopiert. Entnimmt das aufgerufene Programm diesen beiden FCBs keine Informationen, können beliebige Werte in die FCB-Felder im Parameter-Block eingetragen werden.

► Nach dem Aufruf dieser Funktion sind alle Register bis auf das CS- und das IP-Register zerstört. Ihr Inhalt sollte deshalb vor dem Funktionsaufruf gespeichert werden, um sie nach dem Funktionsaufruf wieder restaurieren zu können.

► Das aufgerufene Programm verfügt über alle Handles, die auch dem aufrufenden Programm zur Verfügung stehen.

Diese Funktion ermöglicht es einem Programm, ein anderes Programm als Overlay in den Speicher zu laden, jedoch ohne daß dieses Programm automatisch ausgeführt wird.

Eingabe: AH = 4Bh
          AL = 3
          ES = Segmentadresse des Parameterblocks
          BX = Offsetadresse des Parameterblocks
          DS = Segmentadresse des Programmnamens
          DX = Offsetadresse des Programmnamens

Ausgabe: Carry-Flag = 0: o.k.
          Carry-Flag = 1: Fehler, in diesem Fall AX = Fehler-Code
                      1: unbekannter Funktionscode
                      2: Pfad oder Programm nicht gefunden
                      5: Zugriff verweigert
                      8: nicht genügend Speicherbereich
                     10: falscher Environment-Block
                     11: falsches Format

Bemerkungen:

▶ Der Programmname muß als ASCII-String vorliegen, der durch ein Ende-Zeichen (ASCII-Code 0) abgeschlossen wird. Er darf neben einer Gerätebezeichnung eine komplette Pfadbezeichnung und einen Dateinamen, aber keine Wildcards enthalten. Fehlt die Gerätebezeichnung oder die Pfadbezeichnung, wird auf das aktuelle Gerät bzw. auf das aktuelle Verzeichnis zugegriffen.

▶ Der Parameterblock muß folgendes Format haben:
   Byte 0 - 1: Segmentadresse, an die das Overlay geladen wird (die
               Offsetadresse dazu ist 0)
   Byte 2 - 3: Relokationsfaktor

▶ Als Relokationsfaktor sollte bei COM-Programmen der Wert 0, bei EXE-Programmen die Segmentadresse angegeben werden, an die das Programm geladen wird.

▶ Der Inhalt der Register BX, CX, DX, SI, DI, BP, CS, DS, SS und ES wird durch diese Funktion nicht verändert.

Durch den Aufruf dieser Funktion wird ein Programm beendet und gleichzeitig ein Ende-Code übergeben, den das aufrufende Programm mit Hilfe der Funktion 77 abfragen kann. Der RAM-Speicher, den das zu beendende Programm belegt, wird nach diesem Funktionsaufruf freigegeben, so daß er wieder anderen Programmen zugeteilt werden kann.

Eingabe: AH = 4Ch
             AL = Ende-Code

Ausgabe: keine

Bemerkungen:

▶ Diese Funktion sollte den anderen Funktionen zur Programmbeendigung vorgezogen werden.

▶ Beim Aufruf dieser Funktion werden die 3 Interrupt-Vektoren, deren Inhalt vor dem Start des Programms im PSP gespeichert wurden, wieder restauriert.

▶ Vor Übergabe der Kontrolle an das aufrufende Programm werden alle Handles, die von diesem Programm geöffnet wurden, und die mit ihnen verbundenen Dateien geschlossen. Dies gilt allerdings nicht für Dateien, auf die über FCBs zugegriffen wurde.

▶ Der Ende-Code kann innerhalb einer Batch-Datei mit Hilfe der Befehle ERRORLEVEL und IF überprüft werden.

Ein Programm, das ein anderes Programm mit Hilfe der EXEC-Funktion aufgerufen hat, kann durch diese Funktion den Ende-Code ermitteln, den das aufgerufene Programm bei seiner Beendigung übergeben hat.

Eingabe: AH = 4Dh

Ausgabe: AH = Art der Programm-Beendigung
              0: normales Ende
              1: Ende durch Auftreten eines Control-C-Zeichens
              oder Betätigung der Break-Taste
              2: durch Fehler bei Zugriff auf ein Gerät
              3: durch Aufruf der Funktion 49
            AL = Ende-Code

Bemerkungen:

▸ Der Ende-Code des aufgerufenen Programms kann mit Hilfe dieser Funktion nur einmal abgerufen werden.

▸ Der Inhalt der Register AX, BX, CX, DX, SI, DI, BP, CS, DS, SS, ES und des Flag-Registers wird durch diese Funktion nicht verändert. Der Inhalt aller anderen Register kann verändert worden sein.

Interrupt 21h, Funktion 4Eh   **DOS**
Ersten Directory-Eintrag suchen

Dieser Funktion wird der Name einer Datei übergeben, nach der gesucht werden soll. Der Datei kann dabei ein bestimmtes Attribut zugeordnet werden, so daß auch nach Unterverzeichnissen und Volume-Namen gesucht werden kann.

Eingabe: AH = 4Eh
             CX = Attribut der Datei
             DS = Segmentadresse des Dateinamens
             DX = Offsetadresse des Dateinamens

Ausgabe: Carry-Flag = 0: o.k.
             Carry-Flag = 1: Fehler, in diesem Fall AX = Fehler-Code
                          2: Pfad nicht gefunden
                          18: keine Datei mit dem angegebenen Attribut
                          gefunden

Bemerkungen:

▸ Der Dateiname muß als ASCII-String vorliegen, der durch ein Ende-Zeichen (ASCII-Code 0) abgeschlossen wird. Er darf neben einer Gerätebezeichnung eine komplette Pfadbezeichnung, einen Dateinamen und Wildcards enthalten. Fehlt die Gerätebezeichnung oder die Pfadbezeichnung, wird auf das aktuelle Gerät bzw. auf das aktuelle Verzeichnis zugegriffen.

▶ Nach normalen Dateien wird mit dem Attribut 0 gesucht. Werden verschiedene Bits im Attribut-Feld gesetzt, werden nicht nur die damit angesprochenen Dateien, sondern auch alle normalen Dateien gesucht.

▶ Konnte eine angegebene Datei gefunden werden, dann enthalten die ersten 43 Bytes des DTA-Informationen über diese Datei:

Byte 0 - 20:   reserviert
Byte 21:   Attribut der Datei
Byte 22 - 23: Uhrzeit der letzten Modifikation der Datei
Byte 24 - 25: Datum der letzten Modifikation der Datei
Byte 26 - 27: Lo-Word der Dateigröße
Byte 28 - 29: Hi-Word der Dateigröße
Byte 30 - 42: Dateiname und Erweiterung als ASCII-String durch ein
               Ende-Zeichen (ASCII-Code 0) abgeschlossen.

▶ Diese Funktion darf nur zur Suche nach dem ersten Auftreten einer Datei aufgerufen werden. Sofern nach einer Gruppe von Dateien gesucht wird (der Dateiname enthält Wildcards), muß für die weitere Suche die Funktion 79 aufgerufen werden.

▶ Der Inhalt der Register BX, CX, DX, SI, DI, BP, CS, DS, SS und ES wird durch diese Funktion nicht verändert.

Interrupt 21h, Funktion 4Fh   **DOS**
Nächsten Directory-Eintrag suchen

Nach einem erfolgreichen Aufruf der Funktion 78 oder einem Aufruf dieser Funktion kann durch den erneuten Aufruf dieser Funktion nach weiteren Dateien gesucht werden, auf die der übergebene Dateiname paßt.

Eingabe: AH = 4Fh

Ausgabe: Carry-Flag = 0: o.k.
               Carry-Flag = 1: Fehler, in diesem Fall
               AX = 18: keine weitere Datei mit dem angegebenen Attribut
               gefunden

Bemerkungen:

▸ Konnte eine angegebene Datei gefunden werden, dann enthalten die ersten 43 Bytes des DTA-Informationen über diese Datei:

Byte 0 - 20: reserviert
Byte 21: Attribut der Datei
Byte 22 - 23: Uhrzeit der letzten Modifikation der Datei
Byte 24 - 25: Datum der letzten Modifikation der Datei
Byte 26 - 27: Lo-Word der Dateigröße
Byte 28 - 29: Hi-Word der Dateigröße
Byte 30 - 42: Dateiname und Erweiterung als ASCII-String durch ein
Ende-Zeichen (ASCII-Code 0) abgeschlossen.

▸ Diese Funktion darf erst nach dem einmaligen Aufruf der Funktion 78 aufgerufen werden.

▸ Diese Funktion kann nur dann aufgerufen werden, wenn seit dem letzten Aufruf der Funktion 78 oder 79 der Inhalt des DTA nicht verändert worden ist, da dort wichtige Informationen zur weiteren Suche nach Dateien gespeichert werden.

▸ Der Inhalt der Register BX, CX, DX, SI, DI, BP, CS, DS, SS und ES wird durch diese Funktion nicht verändert.

⌐ INT 21H   FKT 52H   SP: BELEGG. DURCH DOS WOFÜR ⌐
⌊   R: AH
                                     R: ES: BX   ⌋

Interrupt 21h, Funktion 54h   **DOS**
Verify-Flag lesen

Das Verify-Flag entscheidet darüber, ob auf ein Medium wie Festplatte oder Diskette übertragene Daten nach dem Schreibvorgang noch einmal auf ihre richtige Übertragung hin überprüft werden. Der aktuelle Inhalt dieses Flags, welches nicht nur für das aktuelle Programm, sondern für alle Programme gilt, kann mit dieser Funktion abgefragt werden.

Eingabe: AH = 54h

Ausgabe: AL = Verify-Flag
0: Verify ist ausgeschaltet
1: Verify ist angeschaltet

Bemerkungen:

▸ Der Inhalt des Verify-Flags kann mit Hilfe der Funktion 46 manipuliert werden.

▸ Der Inhalt der Register AH, BX, CX, DX, SI, DI, BP, CS, DS, SS, ES und des Flag-Registers wird durch diese Funktion nicht verändert.

Interrupt 21h, Funktion 56h   **DOS**
Datei umbenennen oder verschieben (Handle)

Durch den Aufruf dieser Funktion kann eine Datei umbenannt oder in ein anderes Verzeichnis einer Speichereinheit verschoben werden. Die Verschiebung ist allerdings nur innerhalb verschiedener Verzeichnisse eines Geräts möglich. Dadurch kann z.b. keine Datei von einem Verzeichnis der Festplatte in ein Verzeichnis einer Diskette verschoben werden.

Eingabe:
AH = 56h
DS = Segmentadresse des alten Dateinamens
DX = Offsetadresse des alten Dateinamens
ES = Segmentadresse des alten Dateinamens
DI = Offsetadresse des alten Dateinamens

Ausgabe:
Carry-Flag = 0: o.k.
Carry-Flag = 1: Fehler, in diesem Fall AX = Fehler-Code
        2: Datei nicht gefunden
        3: Pfad nicht gefunden
        5: Zugriff verweigert
     11: unterschiedliches Gerät

Bemerkungen:

▸ Die Dateinamen müssen als ASCII-String vorliegen, der jeweils durch ein Ende-Zeichen (ASCII-Code 0) abgeschlossen wird. Er darf neben einer Gerätebezeichnung eine komplette Pfadbezeichnung und einen Dateinamen, aber keine Wildcards enthalten. Fehlt die Gerätebezeichnung oder die Pfadbezeichnung, wird auf das aktuelle Gerät bzw. auf das aktuelle Verzeichnis zugegriffen.

- Ein Fehler kann auch dann auftreten, wenn die Datei in das Hauptverzeichnis verschoben werden soll, dieses aber bereits voll ist.

- Auf Unterverzeichnisse und Volume-Namen kann mit dieser Funktion nicht zugegriffen werden.

- Der Inhalt der Register BX, CX, DX, SI, DI, BP, CS, DS, SS und ES wird durch diese Funktion nicht verändert.

**Interrupt 21h, Funktion 57h, Unterfunktion 0   DOS
Datum und Uhrzeit der letzten Modifikation einer Datei
ermitteln**

Durch den Aufruf dieser Funktion wird das Datum und die Uhrzeit der letzten Modifikation bzw. der Erstellung einer Datei ermittelt.

Eingabe: AH = 57h
AL = 0
BX = Handle

Ausgabe: Carry-Flag = 0: o.k., in diesem Fall
CX = Uhrzeit
DX = Datum
Carry-Flag = 1: Fehler, in diesem Fall AX = Fehler-Code
1: unbekannte Funktion
6: unbekanntes Handle

Bemerkungen:

- Die Datei muß zuvor über eine der Handle-Funktionen geöffnet oder erstellt worden sein, so daß auf sie über ein Handle zugegriffen werden kann.

- Die Uhrzeit im CX-Register hat folgendes Format:
  Bit 0 - 4: Sekunde in 2-Sekunden-Schritten
  Bit 5 - 10: Minute
  Bit 11 - 15: Stunde

- Das Datum im DX-Register hat folgendes Format:
  Bit 0 - 4: Tag des Monats
  Bit 5 - 8: Monat
  Bit 9 - 15: Jahr (relativ zu 1980)

► Der Inhalt der Register BX, SI, DI, BP, CS, DS, SS und ES wird durch diese Funktion nicht verändert.

Durch den Aufruf dieser Funktion wird das Datum und die Uhrzeit der letzten Modifikation bzw. der Erstellung einer Datei gesetzt und im Directory-Eintrag der Datei auf dem entsprechenden Gerät abgespeichert.

Eingabe: AH = 57h
AL = 1
BX = Handle
CX = Uhrzeit
DX = Datum

Ausgabe: Carry-Flag = 0: o.k.
Carry-Flag = 1: Fehler, in diesem Fall AX = Fehler-Code
1: unbekannte Funktion
6: unbekanntes Handle

Bemerkungen:

► Die Datei muß zuvor über eine der Handle-Funktionen geöffnet oder erstellt worden sein, so daß auf sie über ein Handle zugegriffen werden kann.

► Die Uhrzeit im CX-Register hat folgendes Format:
Bit 0 - 4: Sekunde in 2-Sekunden-Schritten
Bit 5 - 10: Minute
Bit 11 - 15: Stunde

► Das Datum im DX-Register hat folgendes Format:
Bit 0 - 4: Tag des Monats
Bit 5 - 8: Monat
Bit 9 - 15: Jahr (relativ zu 1980)

► Der Inhalt der Register BX, CX, DX, SI, DI, BP, CS, DS, SS und ES wird durch diese Funktion nicht verändert.

Wenn ein Programm über die Funktion 72 einen Speicherbereich vom DOS anfordert, so ist der Speicher in den
meisten Fällen schon in verschiedene Speicherbereiche
unterteilt, die den verschiedenen Programmen zugewiesen
worden sind. Da diese Speicherbereiche selten genau die
angeforderte Größe haben werden, hat DOS mehrere Möglichkeiten, dem Programm einen Speicherbereich zuzuteilen.
Entweder es fängt bei der Suche nach einem passenden
Speicherbereich am unteren Ende des Speichers an und
übergibt dem Programm dann den erstbesten Speicherbereich, der mindestens die angeforderte Größe hat, oder
es beginnt mit der Suche am oberen Ende des Speichers
und sucht ab dort den ersten passenden Speicherbereich.
Die effizienteste Methode ist es aber, den Speicherbereich
zu suchen, der nur wenig größer als der angeforderte
Speicherbereich ist, damit möglichst wenig Speicher ver-
schwendet wird. Dabei bleibt die Lage dieses Speicherbereichs innerhalb des Gesamtspeichers unbeachtet.

Welches dieser drei Verfahren bei der RAM-Speicher-Zu-
teilung angewandt wird, kann durch den Aufruf dieser
Funktion ermittelt werden.

Eingabe: AH = 58h
             AL = 0

Ausgabe: Carry-Flag = 0: o.k., in diesem Fall
             AX = 0: Suche von unten
             AX = 1: Suche nach dem besten Verfahren
             AX = 2: Suche von oben
             Carry-Flag = 1: Fehler, in diesem Fall
             AX = 1: unbekannter Funktionscode

Bemerkungen:

▸ Das Konzept der Speicherverteilung gilt nicht nur für
  das aktuelle Programm, sondern für alle Programme.

▸ Der Inhalt der Register BX, CX, DX, SI, DI, BP, CS,
  DS, SS und ES wird durch diese Funktion nicht
  verändert.

Wenn ein Programm über die Funktion 72 einen Speicherbereich vom DOS anfordert, so ist der Speicher in den
meisten Fällen schon in verschiedene Speicherbereiche
unterteilt, die den verschiedenen Programmen zugewiesen
worden sind. Da diese Speicherbereiche selten genau die
angeforderte Größe haben werden, hat DOS mehrere Möglichkeiten, dem Programm einen Speicherbereich zuzuteilen.
Entweder es fängt bei der Suche nach einem passenden
Speicherbereich am unteren Ende des Speichers an und
übergibt dem Programm dann den erstbesten Speicherbereich, der mindestens die angeforderte Größe hat, oder
es beginnt mit der Suche am oberen Ende des Speichers
und sucht ab dort den ersten passenden Speicherbereich.
Die effizienteste Methode ist es aber, den Speicherbereich
zu suchen, der nur wenig größer als der angeforderte
Speicherbereich ist, damit möglichst wenig Speicher ver-
schwendet wird. Dabei bleibt die Lage dieses Speicherbereichs innerhalb des Gesamtspeichers unbeachtet.

Welches dieser drei Verfahren bei der RAM-Speicher-Zu-
teilung angewandt wird, kann durch den Aufruf dieser
Funktion festgelegt werden.

Eingabe: AH = 58h
             AL = 1
             BX = Strategie

Ausgabe: Carry-Flag = 0: o.k.
             Carry-Flag = 1: Fehler, in diesem Fall
             AX = 1: unbekannter Funktionscode

Bemerkungen:

▶ Das Konzept der Speicherverteilung gilt nicht nur für
das aktuelle Programm, sondern für alle Programme.

▶ Für die Strategie gelten folgende Codes:
0: Suche von unten
1: Suche nach dem besten Verfahren
2: Suche von oben

▶ Der Inhalt der Register BX, CX, DX, SI, DI, BP, CS, DS, SS und ES wird durch diese Funktion nicht verändert.

Diese Funktion bietet die Möglichkeit, nach dem Auftreten eines Fehlers bei Aufruf einer der Funktionen des Interrupts 21h oder dem Aufruf des Interrupts 24h erweiterte Fehler-Informationen einzuholen. Dies schließt nicht nur eine dataillierte Angabe des Fehlers, der Fehlerursache und der Fehlerquelle, sondern auch die Angabe mit ein, was aufgrund dieses Fehlers zu tun ist.

Eingabe: AH = 59h
               BX = 0

Ausgabe: AX = Fehler-Beschreibung
               BH = Fehler-Ursache
               BL = empfohlene Aktion
               CH = Fehler-Quelle

Bemerkungen:

▶ Folgende Codes gelten für die Fehler-Beschreibung:

0:	kein Fehler aufgetaucht
1:	unbekannte Funktionsnummer
2:	Datei nicht gefunden
3:	Pfad nicht gefunden
4:	zu viele Dateien gleichzeitig geöffnet
5:	Zugriff verweigert
6:	unbekanntes Handle
7:	Speicher-Kontroll-Block zerstört
8:	zu wenig freier Speicher
9:	falsche Speicher-Adresse
10:	falsches Environment
11:	falscher Zugriffscode
12:	falsche Daten
15:	unbekanntes Laufwerk
16:	das aktuelle Verzeichnis darf nicht entfernt werden
17:	verschiedene Geräte
18:	keine weiteren Dateien
19:	Medium ist schreibgeschützt
20:	unbekanntes Gerät
21:	Gerät nicht bereit
22:	unbekannter Befehl
23:	CRC-Fehler
24:	falsche Datenlänge
25:	Such-Fehler

26:	unbekannter Gerätetyp
27:	Sektor nicht gefunden
28:	der Drucker hat kein Papier
29:	Schreibfehler
30:	Lesefehler
31:	allgemeiner Fehler
34:	unerlaubter Disketten-Wechsel
35:	FCB nicht verfügbar
80:	Datei existiert bereits
82:	Verzeichnis kann nicht erstellt werden
83:	Abbruch nach Aufruf des Interrupts 24h

▶ Folgende Codes gelten für die Fehler-Ursache:

1:	kein Speicherplatz mehr auf Medium
2:	augenblickliches Zugriffsverbot (wird wahrscheinlich bald aufgehoben)
3:	Zugriff nicht autorisiert
4:	interner Fehler in der System-Software
5:	Hardware-Fehler
6:	Fehler in der System-Software, aber nicht durch Anwendungsprogramm verschuldet
7:	Fehler in einem Anwendungsprogramm
8:	Datei nicht gefunden
9:	Datei mit falschem Format oder falscher Typ
10:	Datei ist gesperrt
11:	falsches Medium im Laufwerk
12:	anderer Fehler

▶ Folgende Codes bestimmen die empfohlene Aktion zur Behebung des Fehlers:

1:	Vorgang mehrere Male wiederholen, dann den Anwender entscheiden lassen, ob abgebrochen oder der Fehler ignoriert werden soll.
2:	Vorgang mehrere Male nach einer gewissen Pause wiederholen, dann den Anwender entscheiden lassen, ob abgebrochen oder der Fehler ignoriert werden soll
3:	Anwender um Eingabe von Daten oder Informationen bitten
4:	Programm auf normalem Wege beenden
5:	sofortiges Programmende
6:	Fehler ignorieren
7:	den Anwender auffordern, die Fehlerursache zu beseitigen, dann Vorgang wiederholen

▶ Als Fehler-Quelle können folgende Codes auftauchen:

1:	unbekannt
2:	Blocktreiber (Diskette, Festplatte etc.)
3:	Netzwerk
4:	serielles Gerät
5:	RAM-Speicher

▶ Nur der Inhalt der Register CS, SS und ES wird durch diese Funktion nicht verändert. Der Inhalt aller anderer Register wird zerstört.

Interrupt 21h, Funktion 5Ah	DOS (ab Vers. 3)
Temporäre Datei erstellen (Handle)	

Mit Hilfe dieser Funktion kann eine Datei erstellt werden, die während des Ablaufs eines Programms lediglich dazu dient, Daten zwischenzuspeichern, die nach Ausführung des Programms aber wieder gelöscht wird. Aus diesem Grund braucht sich das aufrufende Programm um den Namen der Datei nicht zu kümmern, da das DOS ihn auswählt, sondern es braucht lediglich das Verzeichnis anzugeben, in dem die temporäre Datei erstellt werden soll. Der spätere Zugriff auf die Datei erfolgt dann über das ihr zugeordnete Handle, so daß der Dateiname sowieso keine Rolle spielt. Da ein Programm mit Hilfe dieser Funktion mehrere Dateien gleichzeitig öffnen kann, bildet DOS den Dateinamen aus dem aktuellen Datum und der aktuellen Uhrzeit. Da die Funktion in einem Moment niemals gleichzeitig zweimal aufgerufen werden kann, erreicht man dadurch, daß jede temporäre Datei einen speziellen Namen trägt.

Eingabe: AH = 5Ah
          CX = Attribut der Datei
          DS = Segmentadresse des Verzeichnisses
          DX = Offsetadresse des Verzeichnisses

Ausgabe: Carry-Flag = 0: o.k., in diesem Fall
          AX = Handle
          DS = Segmentadresse des kompletten Dateinamens
          DX = Offsetadresse des kompletten Dateinamens
          Carry-Flag = 1: Fehler, in diesem Fall AX = Fehler-Code
                      3: Pfad nicht gefunden
                      5: Zugriff verweigert

Bemerkungen:

▶ Der Name des Verzeichnisses muß in Form eines ASCII-Strings vorliegen, der durch ein Ende-Zeichen (ASCII-Code 0) beendet wird. Er darf neben der Pfadbezeichnung auch eine Gerätebezeichnung enthalten.

Fehlt die Geräte- oder die Pfadbezeichnung, wird auf das aktuelle Laufwerk bzw. auf den aktuellen Pfad zugegriffen.

▶ Die einzelnen Bits des Datei-Attributs haben folgende Bedeutung:

Bit 0 = 1: Datei darf nur gelesen werden
Bit 1 = 1: versteckte Datei
Bit 2 = 1: System-Datei

▶ Dateien, die durch den Aufruf dieser Funktion erstellt wurden, werden bei der Beendigung des Programms nicht automatisch gelöscht. Dazu muß die Datei zunächst geschlossen werden (Funktion 62) und danach mit Hilfe des kompletten Dateinamens gelöscht werden (Funktion 65).

▶ Der Inhalt der Register BX, CX, SI, DI, BP, CS, SS und ES wird durch diese Funktion nicht verändert.

| Interrupt 21h, Funktion 62h | DOS (ab Vers. 3) |
| Adresse des PSP ermitteln | |

Nach dem Aufruf dieser Funktion wird die Adresse des PSP des aktuell abgearbeiteten Programms zurückgeliefert.

Eingabe: AH = 62h

Ausgabe: BX = Segmentadresse des PSP

Bemerkungen:

▶ Der PSP beginnt an der Adresse BX:0000.

▶ Der Inhalt der Register AX, CX, DX, SI, DI, BP, CS, DS, SS, ES und des Flag-Registers wird durch diese Funktion nicht verändert.

Der Interrupt-Vektor dieses Interrupts, der sich an der Adresse 0000:0088 befindet, enthält die Adresse einer Routine, die zur Beendigung eines Programms dient. Sie wird von allen Funktionen zur Beendigung eines Programms, also dem Interrupt 20h und den Funktionen 0h, 21h sowie 4Ch des Interrupts 21h aufgerufen und übergibt die Kontrolle wieder an das Vater-Programm, also an das Programm, das das zu beendende Programm aufgerufen hatte. Doch obwohl der zugehörige Interrupt-Vektor damit die Adresse einer Routine enthält und diese mit Hilfe des INT (Maschinensprache-) Befehls aufgerufen werden könnte, darf dies niemals geschehen, da die Routine nicht als Interrupt-Routine, sondern als FAR-Procedure konzipiert ist.

Um zu verhindern, daß ein Programm während seiner Ausführung den Inhalt dieses Interrupt-Vektors ändert und dadurch nach dessen Ende nicht mehr die DOS-Routine zur Programmbeendigung aufgerufen wird, speichert DOS den Inhalt dieses Interrupt-Vektors vor Übergabe der Kontrolle an das auszuführende Programm in dessen PSP. Bei der Beendigung eines Programms mit Hilfe der oben erwähnten Funktionen wird dann zunächst der Inhalt des Interrupt-Vektors aus dem PSP in den Vektor kopiert und erst dann die jeweilie Routine aufgerufen.

Auch dieser Interrupt bzw. der zugehörige Interrupt-Vektor wird zur Speicherung der Adresse einer Routine verwandt. Es handelt sich dabei um die Routine, die immer dann aufgerufen wird, wenn ein Control-C-Zeichen bzw. die Betätigung der Break-Taste entdeckt wird. Obwohl es dadurch möglich wäre, diese Routine mit Hilfe des INT-(Maschinensprache-) Befehls aufzurufen, sollte dies nicht geschehen, da die Routine nicht als Interrupt-Routine, sondern als FAR-Procedure konzipiert ist.

Ein Programm kann während seiner Ausführung den Inhalt des Interrupt-Vektors, der ab der Speicherstelle 0000:008C abgespeichert wird, verändern, um zu erreichen, daß bei Auftreten eines Control-C-Zeichens nicht mehr die Routine des DOS, sondern eine eigene Routine aufgerufen wird. Dadurch kann es z.B. verhindern, daß seine Ausführung durch die Routine des DOS beim Auftreten eines Control-C-Zeichens abgebrochen wird. Wird diese Routine dann aufgerufen, enthalten alle Register genau die Werte, die sie bei Aufruf der unterbrochenen DOS-Funktion hatten. Das Programm hat nun die Möglichkeit, eine der Situation angemessene Reaktion durchzuführen (z.B. eine Meldung auf dem Bildschirm auszugeben) und dann mit Hilfe des IRET- (Maschinensprache-) Befehls die Kontrolle an das DOS zurückzugeben. Es ist auch möglich, die Kontrolle mit Hilfe eines FAR-RETURN-(Maschinensprache-) Befehls an das DOS zurückzugeben, jedoch entscheidet in einem solchen Fall der Inhalt des Carry-Flags über die Reaktion des DOS. Ist es gesetzt, bricht DOS die Ausführung des Programms ab. Ist es aber gelöscht, passiert nichts, und die Ausführung des Programms wird normal fortgeführt.

Wenn ein Programm den Inhalt dieses Interrupt-Vektors ändert, kann es durchaus passieren, daß es beendet wird, ohne den alten Inhalt zurückzusetzen. Da womöglich aber der RAM-Speicher, den es belegt, wieder freigegeben und durch andere Programme genutzt wird, kann es passieren, daß seine Control-C-Routine durch ein anderes Programm überschrieben wird. Bei Auftreten eines Control-C-Zeichens könnte das dann zum Absturz des Systems führen, da sich an der Position der alten Control-C-Routine nun ein ganz anderer Code befindet.

Um dies zu verhindern, speichert DOS den Inhalt dieses Interrupt-Vektors vor Übergabe der Kontrolle an das auszuführende Programm in dessen PSP. Bei der Beendigung des Programms wird dann zunächst der Inhalt des Interrupt-Vektors aus dem PSP in den Vektor kopiert und erst dann die Kontrolle an das Vater-Programm zurückgegeben.

Auch dieser Interrupt bzw. der zugehörige Interrupt-Vektor wird zur Speicherung der Adresse einer Routine verwendet. Es handelt sich dabei um die Routine, die immer dann aufgerufen wird, wenn beim Zugriff auf die Hardware wie z.B. das Diskettenlaufwerk ein kritischer Fehler entdeckt wird.

Obwohl es dadurch möglich wäre, diese Routine mit Hilfe des INT- (Maschinensprache-) Befehls aufzurufen, sollte dies nicht geschehen, da die Routine nicht als Interrupt-Routine, sondern als FAR-Procedure konzipiert ist.

Ein Programm kann während seiner Ausführung den Inhalt des Interrupt-Vektors, der ab der Speicherstelle 0000:0090 abgespeichert wird, verändern, um zu erreichen, daß bei Auftreten eines solchen Fehlers nicht mehr die Routine des DOS, sondern eine eigene Routine aufgerufen wird. Dadurch kann es z.B. verhindern, daß seine Ausführung durch die Routine des DOS abgebrochen wird, wenn z.B. auf das Diskettenlaufwerk zugegriffen werden soll, sich in diesem Laufwerk aber keine Diskette befindet. Wird diese Routine bei einem kritischen Fehler aufgerufen, zeigt das Bit 7 des AH-Registers die Art des Fehlers an. Enthält es den Wert 0, liegt ein Disketten- bzw. Festplattenfehler vor. Bei einem anderen Fehler enthält es den Wert 1. Ein Disketten-Festplattenfehler wird allerdings erst gemeldet, nachdem mehrmals ohne Erfolg ein Zugriff auf das Gerät versucht wurde. Das DI-Register enthält bei Aufruf der Routine einen Code, der den aufgetretenen Fehler genauer beschreibt. Folgende Codes können auftreten:

0:	Diskette ist schreibgeschützt
1:	Zugriff auf unbekanntes Gerät
2:	Laufwerk nicht bereit
3:	unbekannter Befehl
4:	CRC-Fehler
5:	falsche Datenlänge
6:	Such-Fehler
7:	unbekannter Gerätetyp
8:	Sektor nicht gefunden
9:	der Drucker hat kein Papier mehr
10:	Schreibfehler
11:	Lesefehler
12:	allgemeiner Fehler

229

Die Fehler-Routine muß dafür sorgen, daß nach ihrer Beendigung die Register SS, SP, DS, ES, BX, CX und DX die gleichen Werte beinhalten wie bei ihrem Aufruf. Sie darf außerdem während ihrer Ausführung nur auf die Funktionen 1 bis 12 des Interrupts 21h zurückgreifen. Sie sollte durch einen IRET- (Maschinensprache-) Befehl beendet wurden und dabei einen Code im AL-Register an das DOS übergeben, der die weiteren Aktionen des DOS bestimmt. Folgende Codes werden dabei vom DOS akzeptiert:

0:	den Fehler ignorieren
1:	die Operation (den Zugriff) wiederholen
2:	Programm durch Aufruf des Interrupts 23h beenden
3:	lediglich aktuellen Funktionsaufruf abbrechen (erst ab der DOS-Version 3 möglich)

Wenn ein Programm den Inhalt dieses Interrupt-Vektors ändert, kann es durchaus passieren, daß es beendet wird, ohne den alten Inhalt zurückzusetzen. Da womöglich aber der RAM-Speicher, den es belegt, wieder freigegeben und durch andere Programme genutzt wird, kann es passieren, daß seine Fehler-Routine durch ein anderes Programm überschrieben wird. Bei Auftreten eines Fehlers könnte das dann zum Absturz des Systems führen, da sich an der Position der alten Fehler-Routine nun ein ganz anderer Code befindet.

Um dies zu verhindern, speichert DOS den Inhalt dieses Interrupt-Vektors vor Übergabe der Kontrolle an das auszuführende Programm in dessen PSP. Bei der Beendigung des Programms wird dann zunächst der Inhalt des Interrupt-Vektors aus dem PSP in den Vektor kopiert und erst dann die Kontrolle an das Vater-Programm zurückgegeben.

Interrupt 25h	**DOS**
Absolutes Lesen	

Dieser Interrupt bietet die Möglichkeit, ein oder mehrere logisch aufeinanderfolgende Sektoren von einer Diskette oder Festplatte einzulesen. Dabei kann auf alle Sektoren des Mediums, also nicht nur auf den eigentlichen Datei-Bereich des DOS zugegriffen werden. DOS selbst benutzt diesen Interrupt, um das Hauptverzeichnis und die FAT eines

Mediums zu lesen. Die Daten werden dabei von dem Medium in einen Puffer des aufrufenden Programms gelesen.

Eingabe:
AL = Gerätebezeichnung
CX = Anzahl der zu lesenden Sektoren
DX = erster zu lesender Sektor
DS = Segmentadresse des Puffers
BX = Offsetadresse des Puffers

Ausgabe:
Carry-Flag = 0: o.k.
Carry-Flag = 1: Fehler, in diesem Fall AX = Fehler-Code
    1: falscher Befehl
    2: falsche Adreßmarkierung
    4: Sektor nicht gefunden
    8: DMA-Fehler
  16: CRC-Fehler
  32: Fehler des Platten-Controllers
  64: Such-Fehler
128: Gerät antwortet nicht

Bemerkungen:

▸ Bei der Gerätebezeichnung steht 0 für das Laufwerk A, 1 für das Laufwerk B usw.

▸ Nach dem Funktionsaufruf können die Inhalte aller Register bis auf die der Segmentregister verändert worden sein.

▸ Nach dem Aufruf dieses Interrupts hat der Stackpointer nicht die gleiche Position wie bei Aufruf des Interrupts, da zwei Bytes, die bei Aufruf des Interrupts auf den Stack gebracht wurden, nicht wieder heruntergeholt worden sind. Es handelt sich dabei um das Flag-Register, das mit Hilfe des POPF- (Maschinensprache-) Befehls vom Stack geholt werden kann. Natürlich kann auch der alte Wert des Stackpointers wieder erreicht werden, indem man 2 zu seinem Inhalt addiert. Unterbleibt die Korrektur des Stackpointers, wächst der Stack immer mehr und kann überlaufen. Durch diesen Umstand ist es leider unmöglich, diesen Interrupt mit Hilfe von Hochsprachen-Funktionen, wie wir sie zu Anfang dieses Buches vorgestellt haben, aufzurufen, die zum Aufruf von Interrupts dienen.

- Der Inhalt der Register BX, CX, DX, SI, DI, BP, CS, DS, SS und ES wird durch diese Funktion nicht verändert. Der Inhalt aller anderen Register kann verändert worden sein.

Dieser Interrupt bietet die Möglichkeit, ein oder mehrere logisch aufeinanderfolgende Sektoren auf einer Diskette oder Festplatte zu beschreiben. Dabei kann auf alle Sektoren des Mediums, also nicht nur auf den eigentlichen Datei-Bereich des DOS zugegriffen werden. DOS selbst benutzt diesen Interrupt, um das Hauptverzeichnis und die FAT eines Mediums zu schreiben. Die Daten werden dabei von einen Puffer des aufrufenden Programms auf das Medium übertragen.

Eingabe:　　AL = Gerätebezeichnung
　　　　　　　　CX = Anzahl der zu schreibenden Sektoren
　　　　　　　　DX = erster zu schreibender Sektor
　　　　　　　　DS = Segmentadresse des Puffers
　　　　　　　　BX = Offsetadresse des Puffers

Ausgabe:　　Carry-Flag = 0: o.k.
　　　　　　　　Carry-Flag = 1: Fehler, in diesem Fall AX = Fehler-Code
　　　　　　　　　　　　　　　1: falscher Befehl
　　　　　　　　　　　　　　　2: falsche Adreßmarkierung
　　　　　　　　　　　　　　　4: Sektor nicht gefunden
　　　　　　　　　　　　　　　3: Medium ist schreibgeschützt
　　　　　　　　　　　　　　　8: DMA-Fehler
　　　　　　　　　　　　　　16: CRC-Fehler
　　　　　　　　　　　　　　32: Fehler des Platten-Controllers
　　　　　　　　　　　　　　64: Such-Fehler
　　　　　　　　　　　　　128: Gerät antwortet nicht

Bemerkungen:

- Bei der Gerätebezeichnung steht 0 für das Laufwerk A, 1 für das Laufwerk B usw.

- Nach dem Funktionsaufruf können die Inhalte aller Register bis auf die der Segmentregister verändert worden sein.

▶ Nach dem Aufruf dieses Interrupts hat der Stackpointer nicht die gleiche Position wie bei Aufruf des Interrupts, da zwei Bytes, die bei Aufruf des Interrupts auf den Stack gebracht wurden, nicht wieder heruntergeholt worden sind. Es handelt sich dabei um das Flag-Register, das mit Hilfe des POPF- (Maschinensprache-) Befehls vom Stack geholt werden kann. Natürlich kann auch der alte Wert des Stackpointers wieder erreicht werden, indem man 2 zu seinem Inhalt addiert. Unterbleibt die Korrektur des Stackpointers, wächst der Stack immer mehr und kann überlaufen. Durch diesen Umstand ist es leider unmöglich, diesen Interrupt mit Hilfe von Hochsprachen-Funktionen, wie wir sie zu Anfang dieses Buches vorgestellt haben, aufzurufen, die zum Aufruf von Interrupts dienen.

▶ Der Inhalt der Register BX, CX, DX, SI, DI, BP, CS, DS, SS und ES wird durch diese Funktion nicht verändert. Der Inhalt aller anderen Register kann verändert worden sein.

Interrupt 27h   DOS
Programm beenden, aber im Speicher belassen

Durch den Aufruf dieser Funktion wird das ausgeführte Programm beendet und die Kontrolle wieder an das Programm übergeben, das das aktuelle Programm aufgerufen hat.

Im Gegensatz zu den anderen Funktionen zur Beendigung eines Programms wird der durch das Programm belegte Speicher jedoch nicht zur weiteren Verwendung freigegeben, wodurch das aktuelle Programm resident im Speicher verbleibt.

Eingabe: CS = Segmentadresse des PSP
            DX = Anzahl der zu reservierenden Bytes + 1

Ausgabe: keine

Bemerkungen:

▶ Diese Funktion ist nur zum Aufruf von COM-Programmen aus geeignet.

▶ Die Anzahl der zu reservierenden Bytes bezieht sich auf den Anfang des PSP.

▶ Speicherblöcke, die mit Hilfe der Funktion 48h reserviert werden, werden durch den Wert im DX-Register nicht beeinflußt, da sie nur durch Aufruf der Funktion 49h wieder freigegeben werden können.

▶ Anstatt dieses Interrupts sollte die Funktion 31h des Interrupts 21h aufgerufen werden.

▶ Ein Fehler beim Aufruf dieses Interrupts tritt auf, wenn der Wert im DX-Register zwischen FFF1h und FFFFh liegt.

Durch den Aufruf dieses Interrupts werden die offenen Dateien nicht geschlossen.

Stichwortverzeichnis